真の父母様の御言集

永遠に唯一なる真の父母

空前絶後の大転換期を正しく越える

光言社

はじめに

二〇一五年八月二十六日、日本における当法人の名称が「世界基督《キリスト》教統一神霊協会」から「世界平和統一家庭連合」へと変更になりました。一九九七年四月に真《まこと》の父母様の願いを受けて以来、長年にわたって実現できずにいたこの名称変更が、真のお父様の聖和《ソンファ》三周年を機に成就したのです。正に天の父母様と真の父母様の限りない勝利圏と天運を感じるとともに、その天の計らいに心から感謝する次第です。祝福を通して生まれ変わった祝福家庭は、今後、理想家庭を築くとともに、ますます連帯を深め、祝福の恩恵を大きく拡大していくことが願われています。

真の父母様は、今の時代を「空前絶後の歴史的で革命的な大転換期」（二〇一二・九・一七）と表現されました。真の父母様の完全な勝利圏が立ったこの時代は正に、「サタン主権の罪悪世界が、神主権の創造理想世界に転換される時代」（『原理講論』

一四七頁）と言えるでしょう。このような時代の転換期には、既存の価値観が大きく揺らぐため、多くの混乱も起こります。実際、現在の内外の情勢を見れば、様々な問題が噴出していることが分かります。この混乱期を、私たちはどのようにして乗り越えていけばいいのでしょうか。

その答えは、『原理講論』に記されているとおり、「このような歴史的な転換期において、神が願うところの新しい歴史の賛同者となるためには、神が立てられた新しい歴史の中心がどこにあるかということを、探しださなければならない」（一七三頁）ということです。そして、この歴史の中心こそ正に、ただ一組しかいらっしゃらない真《まこと》の父母様、すなわち文鮮明《ムンソンミョン》・韓鶴子《ハンハクチャ》御夫妻であることを、私たちは明確に知らなければなりません。

真の父母様のみ言《ことば》には、次のようにあります。

真の父母とは、どのような存在でしょうか。真の父母は、全体の希望の象徴です。堕落した人類の前に、絶対的な希望の象徴です。それは歴史的な結実体であり、この時代の中心であり、人類が生きている今日の、この世界の国家圏の中心です。そして、真の父母は、今後の理想世界につながる未来線上における出発点なのです。（三五－二三六、一九七〇・一〇・一九）

「真」という言葉は、代表的であるという意味です。ですから、真の父母というのは、二組はあり得ません。一組しかいないのです。過去には存在せず、現在に一組だけ存在し、後代にも存在しません。歴史上に一組しかいない父母の名をもつ真の父母が現れたという事実は、歴史上、これ以上に喜べることはない出来事です。（二六六－二五一、一九九五・一・一）

さらに、真のお父様は生前、このようにも語っていらっしゃいます。

お母様を中心として皆さんが一体になっていかなければならない時が来ました。もう先生がいなくても、お母様が代わりにできる特権を許諾したというのです。お父様がいないときは、お母様のことを思わなければなりません。そのように理解して、先生の代わりにお母様に侍る心をもち、祈祷もそのようにするのです。今までは先生を愛してきましたが、これからはお母様を愛さなければなりません。これからはお母様の時代に入っていくことを理解して、特に女性たちはそのようにしなければなりません。ここにおいて、先生が第一教主であれば、お母様は第二教主であると世界的に宣布し、天地に宣布します。（二六五―三一〇、一九九四・一一・二七）

真《まこと》のお父様は、真のお母様との最終一体を宣布した上で、二〇一二年、霊界に旅立たれました。今、真のお母様は、真のお父様と完全に一体となった「天地人真の父母様」のお姿で、地上の摂理を進めていらっしゃいます。私たちは、過去・現在・

未来において唯一無二の真の父母様の価値を正しく理解し、今がその真の父母様に地上で侍りながら歩める空前絶後の時であることを肝に銘じて、全力投球、死生決断の決意で前進しなければなりません。

本書は、このような大転換期を乗り越えるに当たり、私たちが肝に銘じるべきみ言《ことば》を選んで翻訳、編集したものです。第一章では、今が摂理的に大きな変化の時であり、混乱期でもあることに触れながら、この時代を乗り越えるための姿勢について取り上げました。第二章では、神様の創造当初からの願いであり、唯一無二の価値をもった人類の「真の父母」に関するみ言を集めています。第三章では、その真の父母を中心として、私たちがどのような生活をしていくべきかについて、そして最後の第四章では、真のお父様の聖和《ソンファ》以降、真のお母様を中心として地上で展開している摂理と、私たちが果たすべき神氏族メシヤの使命についてまとめました。

真の父母様はこのたび、天一国《てんいちこく》の四つの聖物を私たちに下賜してくださいました。不足な子女である私たちを何度も赦《ゆる》し、新たに生まれ変わる機会を下さる真の父母様です。私たちは先に導かれた者として、今や七十三億に上る全世界の人々に真《まこと》の父母様を証《あかし》し、彼らを祝福に導いていかなければなりません。それこそが、ますます混迷を極めるこの時代において、国を救い、世界を救っていく道であることを確信する次第です。

本書が、この大転換期を正しく乗り越え、真の父母様の悲願である「天の父母様を中心とした人類一家族世界」の実現に向かって力強く歩むための一助となることを願ってやみません。

世界平和統一家庭連合

永遠に唯一なる真の父母　目次

※本文中、各文章の末尾にある（　）内の数字は、原典『文鮮明先生み言選集』の巻数とそのページ数、または、み言を語られた日付を示しています。講演文から抜粋したみ言の場合は、講演文のタイトルを記してあります。

例：（一二三―四五六）＝第百二十三巻の四五六ページ、
（二〇〇一・一・一）＝二〇〇一年一月一日

第一章　空前絶後の大転換期

第一節　統一教会時代から家庭連合時代へ

㈠「世界平和統一家庭連合」への名称変更

「世界平和統一家庭連合」の創立は、アダム家庭で失敗した母と息子、娘を糾合し、祝福の位置に導くためのものです。祝福の家庭的時代を中心として、これから氏族的時代、親族時代に越えていくのです。「世界基督《キリスト》教統一神霊協会」の時代は、アダム家庭を復帰してくるための時代でした。そうして、アダム家庭を一元化して、宗親連合を求めていくのであり、宗親連合が連結されれば、国家連合を求めていくのであり、国家連合は世界連合を求めていくのです。そのような大転換期に入ったので、統一教会はなくなり、「世界平和統一家庭連合」に転換するのです。（二八四―一五八、一九九七・四・一六）

これから統一教会の名前を、「世界平和統一家庭連合」という名称に変更して使用します。「世界平和統一家庭連合」が中心となって先頭に立っていくのです。今までは、統一教会が先頭に立ちましたが、これからは家庭連合が先頭に立ち、統一教会は徐々になくなっていく時が来るのです。統一教会の「世界基督教統一」という言葉はなくなるのです。キリスト教が責任を果たせませんでした。それで、その次元を超えて、キリスト教の祝福が万民にすべて委譲される時代に入っていくというのです。

「世界基督教統一神霊協会」の神霊も、結局、真《まこと》の父母様を中心として地上に家庭的メシヤの基準が定着する時には終わるのです。神霊の実体をこの地上に迎えて暮らすべき人々が真の父母の継承者たちなので、その真の父母は、霊的完成と地上完成を代表した家庭の出発から、国家出発、世界出発、天宙出発を身代わりできる一つのモデル的な基台になるのです。そのため、「世界基督教統一神霊協会」時代は過ぎ去っていくというのです。（二八三―一〇、一九九七・四・八）

「世界基督教《キリスト》統一神霊協会」がなくなったことを寂しいと思うのではなく、「世界平和統一家庭連合」ができたことをたたえなければなりません。今までは個人救援でしたが、これからは、家庭救援から親族救援と国家救援が成就するようになります。これは必然的な結果であると言わざるを得ません。私たちは、家庭教会時代である成約時代に入ってきました。旧約時代と新約時代は、家庭がありませんでした。ですから、家庭連合が必要なのです。高次元の宗教です。

家庭基盤が全世界人類に連結され、自動的に氏族的家庭教会、国家的家庭教会、世界的家庭教会へと大きくなりました。天国、理想家庭がここにあります。理想氏族、理想国家、理想世界、理想天宙、神様の創造理想が地上と天上で完成したのです。すべて終わりました。ついに神様まで解放されたのです。(二八五—一七八、一九九七・五・一)

アダムとエバが堕落する前は、その体も神様のものであり、愛も神様のものであり、所有も神様のものでした。心情圏も、今後、天を中心としてもつようになっています。したがって皆さんは、結婚する前に、血統復帰、所有権復帰、心情圏復帰をしなければなりません。そのようにしたあとに、結婚するのが原則です。

それを今から四十年前に話したとすれば、「文《ムン》総裁は洗いざらい、丸ごとのみ込もうとする」などのうわさが立つので、今まで保留にしていたのです。それで、家庭連合をつくることができませんでした。今では世界が信じることができ、何を話しても理解できるようになったので、家庭連合を通してこれをすべて譲り渡そうと思うのです。ですから、「世界平和統一家庭連合」をつくらなければならないということを知らなければなりません。

祝福家庭のすべての人は、家庭連合要員にならなければならないのです。「家庭《カヂョン》盟誓《メンセ》」に引っ掛からないよう、もう一度姿勢を正さなければなりません。それは、父母様もできず、神様もできません。皆さん夫婦、それぞれの責任です。アダムとエバの家庭自体を収拾して復帰の勝利圏を形成し、天の国の血族圏に加入しなけれ

ばなりません。これは、堕落した人間として復帰していくべき原理的な結論です。（二六四—一九九、一九九四・一〇・九）

祝福を受ければ、「世界平和統一家庭連合」に加入しなければなりません。それが氏族メシヤの責任です。それで、「世界基督《キリスト》教統一神霊協会」はなくなり、「世界平和統一家庭連合」になるのです。それは、堕落する時に（本然の）家庭を失ってしまったからです。家庭がサタン側の地獄に回りました。今のこの時に、真《まこと》の家庭を中心として直接主管圏に連結されます。真の父母を中心として完成するのです。ですから、祝福家庭と真の父母の家庭が一つになるのです。何によって統一されるのでしょうか。それが氏族メシヤです。

国家と連結されて、神様と真の父母と一つになることによって、間接主管圏から直接主管圏に連結されるのです。一つの路程です。そのようになることで統一が起きるのです。祝福を受ける前までは、堕落した世界の血統です。しかし、統一教会の名で祝福を受けるようになれば、「世界平和統一家庭連合」に移行するのです。間接主管圏と直接主管圏は異なります。心情的変化と生活的変化を起こして、地獄世界をすべて清算して越えていかなければなりません。（二七一―一五、一九九五・七・三〇）

(二) 個人救援時代から家庭救援時代へ

統一教会の教会組織はなくなります。なくなるというのは何かといえば、組織はそのまま続けて、名前だけ変更するのです。国に知らせて、統一教会の名前を変更すればよいのです。そうかといって、教会の「原理」の本が変わるわけではありません。教える「原理」の本はすべて同じです。

家庭が定着しなければなりません。教会というのは個人の救いでした。今まで宗教というものは、個人の救いを目標としてきたのであって、家庭の救いを目標としたのではありません。皆、出家し、家庭を捨ててきたのです。時代が違います。いかなる宗教であろうと、個人の救いを目標にしてきたのであって、家庭の救いや氏族の救い、国家の救いという話はしません。統一教会は家庭を中心として、国家の救い、世界の救いを語っています。ですから、世界を再創造しなければならず、国を再創造しなければなりません。投入して、再創造しなければならないのです。（二八三―一〇六、一九九七・四・八）

今まで教会は、個人救援時代でした。今からは、祝福を受けた家庭を中心とした家庭救援摂理時代です。家庭が連合するようになれば、氏族救援摂理、国家救援摂理時代に越えていくようになります。氏族が祝福を受ければ、氏族が救いを受けるのです。国が祝福を受ければ、国が救いを受ける時代に入っていくのです。次元が飛躍するというのです。ですから、教会（を中心とした摂理）時代は過ぎ去ります。

アダムとエバの個人が堕落することによって家庭をひっくり返したので、これを復帰しなければなりません。体と心が一つになり、家庭が一つになり、国が一つになり、世界が一つにならなければなりません。統一しなければならないというのです。

アダム家庭では、サタンによって偽りの血統が連結されることにより、すべて分裂しました。今や、真《まこと》の父母が来ることにより、体と心が一つになった夫婦を中心として家庭が一つになった基盤の上で、全世界が復帰される平準化時代、統一時代に入りました。真の父母様が真の血統をもってきて、個人の体と心を連結することにより、完全に一つになった男女が、家庭を中心として完成し、結合するようになります。そうして、このような完成家庭が拡大し、自動的に横的拡張を成した世界が、神様の統治される天国です。（二八五―一六七、一九九七・五・二）

霊界と肉界が今まで分かれていたので、これを埋めて、息子、娘から三代を中心として霊界と地上を動員し、祝福恵沢圏内に立ててあげるのです。それにより、霊界と肉界の一体圏をつくるのがイエス様の願いなので、それを代わりに実体として立ててあげる業をしているという事実を知らなければなりません。宗教は、家庭が安着することを最高の目標にしなければなりません。家庭が安着すれば、宗教という名前自体も外してしまわなければならないのです。それで、一九九七年四月八日に、「世界基督《キリスト》教統一神霊協会」の看板を外し、「世界平和統一家庭連合」の名称を四月十日から使用しなさいと言ったのです。家庭の定着です。

父母様が教えた内容で、心情的一体圏を中心として地上で安着する家庭は、天上に直接行くことができます。堕落のなかった世界、解放の世界、天国に入っていけるというのです。それは蕩減《とうげん》復帰の原則によってできるのであって、そのままではできません。その伝統的な縁、父母様が引き継いでくれた伝統思想を、自分の一族と子孫に残さなければならないというのです。(三七八―二二九、二〇〇二・五・一三)

宗教が定着する所は、神様の家庭です。エデンの園で失った家庭を取り戻すために、宗教が出発しました。それで、統一教会で、神様と連結させる真《まこと》の愛、真の生命、真の血統を中心として、祝福式を行ってきたのです。そのあとからは、宗教圏を越えていくのです。ですから、「世界基督教統一神霊協会」はなくなり、「世界平和統一家庭連合」を中心として進むようになります。真の愛、真の生命、真の血統を中心として、家庭が定着するようになれば、宗教の責任は完結するのです。（三六二―一五六、二〇〇一・一二・一二）

㈢ 家庭連合が目指すもの

「天宙」という言葉は、私たちだけが知っているのであって、一般の人は分かりません。一般的には「世界」と言うのです。天宙とは、霊界とこの地上世界を指します。地上天国・天上天国を意味するのです。ですから、「祝福家庭天宙化時代」です。統一教会、「世界平和統一家庭連合」は、「天宙平和統一家庭連合」という概

念をもたなければなりません。（二八五—一八四、一九九七・五・四）

完成は、天宙的な完成です。世界的な完成なのです。それは家庭連合を中心として、家庭を中心として、成されます。家庭連合も、家庭を中心として完成するのです。誰の家庭でしょうか。「私」の家庭です。皆さんの家庭は、一つの細胞と同じです。完全な細胞でなければなりません。すべてが完全であるべきであって、そうでなければ壊れるのです。祝福家庭も、一つの細胞と同じです。家庭も一つの細胞と同じなのです。

家庭でどこかに行こうとするとき、「おい、行くな、行くな！」という思いが湧くのなら、行ってはいけません。心は分かるのです。お父さん、お母さんが間違っていること、おじいさん、おばあさんが間違っていること、お兄さんが間違っていること、妻が間違っていることが、すべて分かるというのです。これをどのように収拾すべきでしょうか。そのような問題が生じる可能性があるので、神様は標語を定めました。「絶対信仰・絶対愛・絶対服従」です。これが必要なのです。家庭全体が、絶対に愛さなければなりません。宇宙（天宙）が願い、宇宙（天宙）平和統一家庭連合が願うのはこのようなことであると、既に分かっているので、それを絶対に信じ、絶対に愛し、絶対に服従しなければなりません。（二八五―一九〇、一九九七・五・四）

「祝福家庭天宙化時代」です。皆さんの一族をすべて祝福家庭にしなければなりません。百六十家庭から百八十家庭です。そのようにしてこそ、入籍するのです。これを中心として、国を救えるのです。このような時が来たのですが、氏族的メシヤになるべきですか、なってはいけませんか。個人救援時代ではありません。家庭、氏族、国家、世界が一度に回っていける時になったのに、家庭的基準で座り込んでいたらどのようになりますか。

このような転換期が、最も深刻な時です。神様から見ても、人間から見ても同じです。深刻です。どのようにすれば、氏族的メシヤの責任を果たせるでしょうか。

そのような実践と行動がなければ、いくら皆さんが有名な家庭であっても、国家基盤において完結できないのです。（二八五—二〇七、一九九七・五・四）

蕩減《とうげん》をすべて果たして、海洋時代、陸地時代、宇宙時代を中心として、第四次アダム心情圏を還元したため、今や本然の定着時代に入るのです。ですから、子女と父母が一つになって、四十年の峠を越え、家庭に定着する日を定めて越えていかなければなりません。今、入籍式をしていますが、入籍した家庭において、初めて天の父母を王として、侍っていける時代に入るのです。

私たちの家庭が、神様、天地父母に侍る、王に侍る、最初に出発した家庭であることを意識しながら、生きなければなりません。

この基準を中心として、（統一）教会を解体しました。ですから皆さんの家庭が、天地の王に侍る、標準的な伝統を立てるべき家庭であることを自認しなければなりません。これは、家庭連合から始めなければならないのです。（三三七—二四〇、二

〇〇〇・一〇・二七)

第二節　清平《チョンピョン》摂理の出発と発展

(一) 清平摂理の出発と氏族解放

清平の地は、世界の祖国の地、全人類の心情的故郷の地にならなければなりません。天地が仰ぎ得る勝利的創造理想を完成させ、天地が連結されて神様の心情を解怨成就できる地になるだけでなく、世界の故郷の地になり得る神聖な土地になることを祈ってきたのですが、これが本格的に出発できる時点に達しました。ですから、この周辺の八百万坪の土地を買ったのです。

山とこの周辺の土地は、私たちの未来の故郷のための地です。すべての信仰者の故郷になり得る基地になっています。今、世界百八十五カ国に私たちの基地がありますが、父母様の願いは、ここをその百八十五カ国のあらゆる歴史的伝統を展示できる歴史的な基地にすることです。それだけでなく、この基地で各国の文化を背景にした伝統を新たなものにすることができ、天との関係をどのように結ぶかを教える修練所、教育場所を用意するのです。そのようにするために準備した土地として祈っていたことが、そのまま歴史的な事実として連結され得るようになりました。このような世界版図を統一教会がもったことは、驚くべき勝利の結果であると考えているのです。(二八二―四六、一九九七・三・一〇)

世界の人々のために尽くすことができる場所がなければなりません。そこが清平《チョンピョン》です。この清平の地に国際修練場を造るのです。今後、そこには何を造るのでしょうか。私たちの宣教部がある各国のブロック、つまり日本であれば日本ブロック、アメリカであればアメリカブロックを造ります。膨大な地域を買い、アメリカブロックであればアメリカ人たちに任せるのです。アメリカ人たちが来て修練を受けられるように、アメリカ人たちの趣向に合う村を造ります。各国の文化を総合できる環境都市、総合村落を造るのです。

そして、その中央に私たちの修練所を造るというのです。そうして、外国で苦労した人々は、必ずこの本部に来て修練を受けさせ、本部に来て修練を受けて帰ることを光栄だと思えるようにしようというのです。そのようにするためには、景色が良くなければなりません。そして、外国の人々が韓国に来て巡回するとき、印象に残る所にしなければなりません。（四五―一八五、一九七一・六・二七）

きょう、統一教会の氏族的家庭を解放する祈祷をしました。今まで先生は、自分の家庭のために祈祷をしませんでした。これからはそのようにするのではなく、私の氏族を重要視するでしょう。私は氏族以上に、皆さんを愛しました。先生の母親以上に、皆さんを愛しました。自分の子女以上に愛したのです。そのように愛したか愛していないか、祈ってみてください。これからは、その愛をしまうつもりです。

しまい込んで、自分の子女を愛するでしょう。狂うほどに子女を愛することでしょう。もしそれがこの地上でできなければ、霊界に行って間違いなく、そのようにするつもりです。

こうすることによって、文氏《ムン》一族の霊的基準が解放基準を開門するようになり、霊界で統一的な恵沢圏が広がるのです。その縁が数多くの氏族、遠い姻戚まで連結されるのです。文氏の先祖を見れば、文氏一家、あるいは姻戚関係を中心として、すべて婚姻を結んでいるので、ここにおいて三千里半島の民族（韓民族）が連結されるのです。このようなことは、韓国が滅び得る立場ではできません。ですから、霊的救いの門を開いておいて行こうというのが、先生の所信です。このような内容を早くから祈祷し、考えてきたことを、皆さんは知らなければなりません。（六八―二七一、一九七三・八・五）

文氏氏族解放とともに、世界氏族の解放を宣布しました。清平《チョンピョン》で（一九七八年）

十一月二日、先生が宣布したのです。これにより、数多くの宗教世界の門を開き、この地の数多くの氏族圏の門を開きました。

氏族の門を開いておけば、国家的な門は自動的に開きます。そのような時が来るのです。門を開いておいたので、昔の道人、宗教を信じて逝った霊たちが、地上の復帰摂理において、天使長のような立場で地上のアベル圏に協助できるのです。そのようなことが、特定の宗教にだけはあったのですが、今日、地上で塀を崩し、その範囲を広げておくことによって、宗教を信じていた人も信じていなかった人も関係なく、すべての霊人が地上に来て、自分の子孫を善なるほうに導くことのできる道が開かれたというのです。（一〇五―二六四、一九七九・一〇・二六）

一九七八年十一月二日、これをすべて連結させました。それにより、塀がすべてなくなって、どこにでも行けるようになるのです。境界線がなく、どこにでも思いどおりに通じることができます。そうして、すべて相対的関係が結ばれるのです。

ですから、地上で霊界を動員するのは、皆さんにかかっています。地上の人々はアダムと同じであり、霊界の霊たちは天使長と同じです。今や、皆さんの先祖の中で善なる霊たちは、天使の責任を担っていることを知っているので、命令しなければなりません。その先祖たちの先祖が、正に皆さんです。これはすべて、先祖復帰なのです。皆さんから始まるのです。先祖ですから、これに責任をもたなければなりません。未来の責任者です。過去に責任をもち、現在に責任をもち、未来にも責任をもつのです。三時代の責任者です。（一〇二―三〇、一九七八・一一・一九）

㈡ 天宙清平《チョンピョン》修錬苑と先祖解怨・祝福

一九九七年三月十日、きょうは清平聖地で天地が記憶し得る場を整え、統一家の新しい訓練道場、あるいは精誠を捧げる聖殿、ひいては天と地が連結され得る一つの心情的世界を出発する起源地、一つの宮殿と言える建物を造るために、起工式を行う日です。この事実は、歴史的であり、天の摂理史に何よりも重要なこととして記録されるでしょう。

この清平聖地は、私には忘れられない所です。現在、造られたこの修練所を中心として、今から三十年前に誰も知らない統一教会という小さな教団をつくり、ここが摂理史において世界万民が仰ぎ見ることのできる超宗教的で超理想的な基地になるだけでなく、故郷の地になることを考えて発表しました。その三十年前を思えば、感慨深いのです。（二八二—四五、一九九七・三・一〇）

清平の地は、霊と肉を中心として、天地と協力した立場で個人が出生《しゅっしょう》できる基地、家庭が出生できる心情的基地、あるいは国家が出生できる心情的基地、さらには世界と天地が出生できる心情的基地だけでなく、地上天国と天上天国を建設できる心情の基地になり得る地です。

統一教会が試練を克服できる立場に立つとすれば、飛躍的に発展することができます。世界の若者たちが集まって教育を受け、祝福家庭が修練を受けて世界に前進していけることが、この清平《チョンピョン》の地で成し遂げられるという事実は、大韓民国のすべての地に代わって誇ることもでき、民族と国家が誇るだけでなく、アジアと世界の全人類が誇り得ることなのです。(二八二—四八、一九九七・三・一〇)

すべての人に、霊がたくさん入っています。清平の役事は、真《まこと》の父母様がこの霊を引っ張り出すのです。そして、真の父母様が、その霊たちが霊界の地獄から上がっていけるように、サーチライトの光を発するのです。誰でも、その光に従っていくことができます。善なる霊は、すべてそのようになっています。上がっていける道を開いてあげるのです。塀や条件があったものを、完全になくしてしまうのです。そのような解放の塀を開いてあげなければなりません。ですから、短期間のうちに天国に行くことができます。今、人々が悪霊たちに接して被害を受けているので、これを断ち切ってしまわなければなりません。すべての悪霊たちを払いのけてあげるのです。アダム家庭が堕落することによって悪なる家庭になったので、再創造の役事をしなければなりません。先祖たちを再創造するのです。ですから、天使長の立場の家庭を用意しておかなければなりません。そうして、大量祝福、霊界解放祝福時代に入るのです。（二九八―二一二、一九九九・一・八）

皆さんは、清平修錬苑に行って先祖の解怨式と祝福式をしなければなりません。早く先祖たちを解怨して、祝福を受けさせてこそ、天使世界の（立場の）祝福家庭として、地上の祝福家庭を保護する活動をするのです。そうして、家庭に患難がなくなり、サタンが侵犯できる圏内を抜け出せるようになるのです。そのようにしなければ、抜け出せません。サタン世界にそのままとどまるのです。（三二〇―一一八、二〇〇〇・三・三一）

清平役事は、エデンの園で天使長とアダム、エバが分立されていたので、これを統合するものです。堕落したサタンの血統をすべて浄化する運動を行います。ですから、清平役事《チョンピョン》を経た人々は浄化されたので、祝福をしてあげるのです。霊的な祝福をしてあげるのです。今回、三百六十万双の祝福が終わり、清平修錬苑で大母様《テモニム》と興進君《フンヂン》がすべて祝福をしてあげました。それは、霊的な父母の立場でしてあげるのです。イエス様が失敗したので、霊的基準を実体的に、霊的な基準で堕落したアダムとエバのすべてのものを清算して、実体的な天使長圏で復帰するのです。実体的な天使長圏というのは、アダムの体が十六歳の時にサタンの体になったことを蕩《とう》滅《げん》してあげるものです。真《まこと》の父母の体をもってきて接ぎ木（の役事を）してあげます。愛を通して接ぎ木してあげるのです。歴史的に、否定的な愛が広がったのですが、肯定的な愛の基準を立てるのです。興進君がそのことをするのです。イエス様は、真の父母の愛の絆《きずな》をもつことができませんでした。ですから、真の父母の息子、娘が行って、イエス様が結婚できずに分かれたので、これを連結させられる内的な立場に立ち、大母様はイエス様を生んだマリヤのような立場で、母子協助を通してそのことをするのです。マリヤが責任を果たして、イエス様を助けてあげなければなりません。（二九〇―一七八、一九九八・二・二二）

㈢第三次清平摂理への発展

真のお父様の聖和《ソンファ》千日を記念するとともに、皆さんは霊界の先祖解怨をしなければなりません。お父様がおっしゃいました。「二百十代まで先祖解怨をしなさい。四百二十代までしなさい」。今までの霊界は、堕落以降、聖書で言う六千年という長い歳月を通して形成された霊界です。彼らは、神様と何の関係もありません。みな旨を知りません。

しかし、真の父母様によって祝福を受けた皆さんは、摂理が分かりますか、分かりませんか。皆さん自身、先祖を解怨、祝福してあげ、善霊にしてあげなければなりません。それが今日、皆さんが果たすべき氏族メシヤの責任です。そうして、霊界の環境圏を広めていかなければなりません。天の父母様、真《まこと》のお父様の民が増えなければならないということです。地上にいる皆さんが責任を果たすことによって、お父様が全世界的に、摂理をより一層、活発に進められるようになるのです。（真のお母様、二〇一五・五・三〇）

今は真の父母様と一体を成せば、奇跡が起きます。祈祷し、精誠を尽くせば、自ら問題を解決することができます。そのような霊的基盤が準備されているというのです。今や霊界は自動的に回る時です。二十一年間の精誠の基台の中で自動システムがつくられました。お父様が霊界に行かれて、天上と地上の体系を完全に整理しておかれました。（真のお母様、二〇一五・九・二四）

地図を見るとこの清平《チョンピョン》は、人体でいえば子宮に当たります。子宮は、新しい生命を宿す所です。清平は、堕落した人類である野生のオリーブを、真のオリーブにつくり変える所です。世界のすべての人たちが、この清平に押し寄せてこなければなりません。そうして、真の父母によって、新しい命を救わなければならないのです。ある一個人によってではなく、真の父母によって、摂理が成し遂げられることを知らなければなりません。

私たちの永遠なる本郷はどこでしょうか。真の父母様がいらっしゃる所です。そこで真の父母様と一緒に暮らしたいというのが、私たちの願いではありませんか。

（真のお母様、二〇一五・一〇・二四）

大母様《テモニム》は名前のとおり、大きな母です。堕落した人類の一番近くで彼らを抱《いだ》いて、真の父母様の前に出られるようにする恩賜と恩寵《おんちょう》を与えることができるのが、大母様です。それで、この清平を中心として実体的に霊肉を合わせた役事を始めることができました。それは、真の父母様と一つになったからです。

今後、皆さんの信仰生活、皆さんの心情基準を高めるには、この清平修錬苑を通して、感謝し、天の前に忠誠を尽くさなければなりません。それによって、皆さん自身が驚くべき成長、発展を目にするでしょう。ここは実際に、天が皆さんと共にあることを実感できる場所です。（真《まこと》のお母様、二〇一六・五・七）

第三節　大転換期における試練

㈠時代の転換期に起きる現象とその理由

終末はどのような時かといえば、夜なのか昼なのか、これが正しいのかあれが正しいのか、判断ができない時です。混乱が起き、あれもこれも区別ができない時です。（六九―一二三、一九七三・一〇・二二）

その時は、願いが揺れる時であり、信じている信仰の中心が揺れる時であり、信じてきた指導者が揺れる時です。主義はもちろん、宗教、良心、父母の心情までも、すべて揺れるのです。それでは、神様はなぜ、そのような世の中にしておかなければならないのでしょうか。それは、歴史的に苦労された神様と同参（一緒に参加すること）した、という価値を与えるためです。神様は六千年の間、数多くの惨状を御覧になってきたのであり、数多くの曲折を経てこられたので、終末においては、良心や主義、信仰というものをもって中心を立てることができない環境に直面させるのです。そのような患難の中でも神様を愛し、そのような困難な場でも神様と共に生きるという真の息子、娘を探すために、そのような時が訪れるのです。（一一―九七、一九六一・二・一二）

皆さんは、教会が揺れるのを見て悲しまず、ある主義が動揺するのを見て悲しまず、ある主権者が倒れるのを見て悲しまないでください。自分の父母が変わってしまうといって悲しまず、自分の兄弟が変わって離れていくといって悲しまないでください。頼りとし、信じていた世の中のあらゆるものが揺れ動いたとしても、皆さんの心は泰然としていなければなりません。神様は動揺することなく、この時間も「私」を訪ねてきていることを知らなければなりません。

神様が私たちに苦痛を与えるのは、御自身の貴い一日、御自身が経てきた苦痛の因縁と私たちを結んでくださるための大いなる約束だというのです。そのような場で、天を胸に抱《いだ》き、「一緒に行きましょう。一緒に闘いましょう。一緒に行動しましょう」と叫んで立ち上がる人を探すために、そのような時期が必要なのです。（一一―九七、一九六一・二・一二）

神様がつくった複雑な状況は、悪いものではありません。どこに行ってもぶつかり、どこに行っても死ぬほど苦しむようにしておいたのは、垢《あか》を剥ぎ取り、傷口からうみをかき出して、堕落性を早く脱がせようとするためです。体がめちゃくちゃになり、垢が幾重にも重なっているので、それをすべて剥ぎ取るためには、平坦《へいたん》な環境ではいけません。環境が平坦でなければ、殻がどんどん剥ぎ取られるのです。ですから、複雑になればなるほど、蕩滅《とうげん》的解怨成就が早いというのです。（二四二―三〇五、一九九三・一・二）

大きなことをする人たちは必ず、ある限界線を越えなければなりません。このような限界線を越えるためには、必ず試練を経ていかなければならないのです。自分自身をそのように訓練しなければなりません。神様が願う基準が高ければ高いほど、それに比例して、試練の舞台も大きくなるのです。十くらいの器をもつ人に、百くらいの基準の試練を与えるのです。それは、その人を滅ぼすためではありません。百くらいの試練を与えて、それに匹敵する実力をもたせるための作戦なのです。（二五―三二五、一九六九・一〇・一二）

㈡ 試練を越えるためにサタンの本質を見抜く

エデンの園で、最も近い立場にいた天使長がエバを堕落させたように、今日の皆さんにおいても、サタンが最も近い姿で現れて誘惑するのです。見るに美しい姿で、聞くに良いことをもって現れます。それらしい話をもって現れるのです。ですから、皆さんは自分の心を守ることのできる聴覚と視覚がなければならず、変わることのない心の基準がなければなりません。もし皆さんにそのような基準がなければ、皆さんは予期しない瞬間に攻め込んでくるサタンの侵犯を防ぐことができないのです。（二一―五〇、一九五七・二・一七）

サタンは、どのようにして私たちに侵犯してくるのでしょうか。サタンが侵犯する作戦とは何でしょうか。天のみ旨に対して不平の思いをもつとき、サタンの矢が皆さんに迫ってくることを知らなければなりません。世の中に対してどうだ、こうだと言いますが、それよりもまず、自らの価値を守り、そこにおいて勝利したあとに、世の中を救うための方針を立てなければなりません。自分自身が境界線を越えられずにいながら、いくら大きな声で叫んでみたところで、その場で終わってしまうのです。それでは、いくら勝利したくても勝利できません。ですから皆さんはまず、不平を言ってはいけません。エデンの園で、アダムとエバが堕落した第一の要因は何でしょうか。サタンは何をもって、彼らを誘惑したのですか。不平をもって、誘惑したのです。(一七―二〇、一九六六・一一・六)

善は、最初と最後が同じです。最初と最後が同じなのですが、あとのほうに一つプラスするのが善です。一つプラスしていくことによって、神様の役事がなされるのです。ですから、変わる人は、悪なる人です。変わる人は、すべて悪の祭物になります。それが鉄則です。いくら善良だったとしても、その善良な姿が変わってい

けば、悪の祭物になるのです。サタンの餌食です。サタンはそのような作戦を立てるのです。（二五〇―五六、一九六〇・二・二）

サタンの本質、属性、欲望は、自分を中心にすることです。あらゆるものを引っ張ってきて、「私のために生きなさい」と言うのです。サタンと神様はどのように違うのですか。サタンは、あらゆることにおいて自分を中心とします。自分の家庭を中心とし、自分の子女を中心とし、この世界はすべて自分のために生きるべきだと思っているのです。これがサタンの本質です。反対に、神様は御自身を犠牲にしてでも家庭のために生き、氏族のために生き、民族、国家のために生きます。より大きなもののために生きるのです。全体を愛すれば愛するほど、その全体の価値が自分に感じられるからです。善とは、自分を越えてより大きなもののために生きることであり、悪とは、世界よりも自分のために生きることです。（一四―二九一、一九六五・一・一〇）

サタンとはどのような存在でしょうか。自分を前に立てるのです。もう一つの主体なので、中心を否定します。中心があるにもかかわらず、それを否定して、自分が中心だと主張するのがサタンです。（五七—一一四、一九七二・五・二九）

今日、統一教会員だと自負する人たちの中で、四位基台《よんい》の三段階原則に一致できないまま、見て、聞いて、語って、行動する人たちは、破壊分子です。統一教会に入ってきて数十年たった人たちが、神様のために働いていく中で、「もう私は歩むのが難しい」と思うようになったならば、そのまま距離を置かなければなりません。歩めなくなったのなら、そのまま後退しなさいというのです。海の水も、岸に打ち寄せては、そのまま離れていくのです。「離れる時は、かみついて離れよう！」というのが、原理から外れたサタンの本質です。（七一—一二七、一九七四・四・二九）

㈢ 信仰の試練に対してもつべき姿勢

終末には、中心をしっかりつかまなければなりません。一大危機が訪れます。それを突破すべき時が来るのです。ですから、皆さんはしっかりつかんで、離れないようにしなければなりません。横から引っ張る力がいくら強くても、その力を取り除き、自分の方向に向かって進むことができなければならないのです。そうして、新しい革命の路線を花咲かせることができなければなりません。

ですから、横から皆さんを引っ張ろうとするとき、そのまま引っ張られていくのではなく、いくら苦しくても、進む方向に従い続けなければなりません。サタンが皆さんの両足を縛ってたたけばたたくほど、ますます、その方向に従わなければならないのです。打たれて死ぬとしても、命が持ちこたえている限り、離さずに従っていくのです。（三二—一九九、一九七〇・五・三一）

皆さんがいくら悲惨で、いくらつらいことがあるとしても、神様が息子、娘を失われた時の悲しい心情と、失った子女を取り戻すために六千年間も歩んでこられた孤独な歩みと比べられるでしょうか。

神様は歴史路程において、悲しみと呪いと凄惨な環境に直面しながらも、一日として私たちを親不孝者と思うことなく、かえって私たちを救うために摂理していらっしゃるのです。新しい希望の天国を夢見ながら救援摂理をする神様がいらっしゃることを思うとき、皆さんはそのような神様の立場に立脚して考え、その方がされることに同参しなければなりません。このようにすれば、歴史的な先祖になるのです。皆さんがこのようなことを考え、このような思いを実際に感じれば、落胆したり、疲れたりする理由がありません。（一七―二八二、一九六七・二・一五）

今日、天に侍る生活をし、天と共に新しいことをしようとするとき、最も考えるべきことは、現れた結果において「私」に対してくださる天よりも、（結果が）現れるその時まで天が関わり、苦労した功績のその心情を深く知らなければならないということです。そうしなければ、現れた環境において、絶対的に勝利していくことが難しいのです。

ですから、苦しめられる環境や落胆する境地に入っていくとき、その環境には、天が苦しんできた膨大な心情的因縁、事情的因縁、哀切な天的因縁がしみ込んでいることを知らなければなりません。それを知ることにより、現れた小さな環境に苦しめられるとしても、難なく越えていけるのです。現実に勝利するためには、歴史の裏側に隠れている、そのような心情的基準を天と共に収拾する立場に立たなければなりません。そうしてこそ、現れた環境を越えていくことができるのです。(一五五―九八、一九六五・一・二七)

あらゆるものはカインとアベルの立場、または縦横の四方性を備えて存在しています。ですから今日、皆さんはどこに行こうと、アベルのものはアベルのものとして、カインのものはカインのものとして探して立て、分別できなければなりません。下等動物も、自分が食べる草が毒草なのかそうでないのかを分別するのですから、万物の霊長である人間は、自らの直面するあらゆる事実を正しく分別できなければなりません。誰がカインで、誰がアベルなのかをはっきりと分別しなければならないのです。

もし昔、エバが自分に迫ってきたその誘惑を正しく分別していれば、堕落しなかったでしょう。神様のみ言《ことば》を拠《よ》り所とし、命を懸けて最後までサタンと闘っていれば、エバは堕落しなかったのです。（三―二一〇、一九五七・一一・一）

進むべき道が塞がったといって、落胆しないでください。この国が乱れるといって、落胆しないでください。神様は死んでいません。この世界がいくら混乱するとしても、落胆しないでください。神様は死んでいないのです。神様は必ず訪ねてこられます。すべてのものが動揺したとしても、天に対する一片丹心だけは動揺させないでください。天を頼り、見つめる希望の心だけは変わらないでください。たとえ神様が皆さんを苦痛の場に放り込むとしても、その場で神様を呼ぶことのできる、懇切な思いをもたなければなりません。いかなる場に落ちたとしても、その場で天の心情の綱をつかみ、上がっていくために努力しなければなりません。地獄に落ちる苦痛を感じるとしても、神様と同参する立場に立って神様の苦痛を「私」が理解し、神様は私の苦痛を分かってくださると信じて、そのような場でも行こうという責任と義務を感じて進むとすれば、皆さんが滅びることはないでしょう。(一一―九七、一九六一・二・一二)

第二章　人類の真の父母は唯一

第一節　真《まこと》の父母は人類の真の始祖

(一) 真の父母は神様の願い

人間は、神様が無限に愛することによって、永遠に喜びを享受するために創造した、神様の最も近い対象である子女です。このように、神様が人類の始祖として一男一女を造られたのですが、彼らのことを聖書ではアダムとエバと呼びます。絶対的な神様は、真の愛の対象であるその一男一女以外に、別の真の愛の対象をつくることはできません。神様の真の愛の対象である人類は、ただ一双の始祖から増え広がっていったのです。（一九〇—三二一、一九八九・六・二三）

神様は、なぜアダムとエバを必要としたのでしょうか。二つの目的があります。

一つは、愛の理想を成就することです。二つ目は、無形の神様が形状をもって現れるためです。そのため、無形の神様が有形の形状をまとって、有形世界と関係を結ぶことのできるその基礎、その核心がアダムとエバなのです。

ですから、アダムとエバが完成して霊界に行けば、アダムとエバは神様の体と同じであり、神様はアダムとエバの心と同じ位置にいて、見えないのです。霊的世界で完成した一人の人を、実体世界の体と心のような一つの結実として造ろうというのが、神様がアダムとエバを創造された目的です。（九二―一四七、一九七七・四・一）

神様は、先に環境創造をして、その次に何をつくったのでしょうか。主体をつくり、対象をつくりました。これが天地創造です。神様がすべての万物をつくったのちにアダムを造り、「おお、お前を造って私はうれしい」とはおっしゃいませんでした。アダムが一人でいるのは良くないと思われて、エバを造ったのです。対象をつくってみると、「はなはだ良かった」（創世記一・三一）と思われたのですが、それは誰を中心としてそのように思われたのですか。アダムが中心でもなく、エバが中心でもありません。アダムとエバを中心としてそのように思われたというのです。
（二一九—三一七、一九八二・九・二六）

神様は、御自身の体としてアダムを先に造りました。アダムは、神様の息子であると同時に、体をもった神様御自身でもあります。その次に、アダムの相対者としてエバを造り、横的な真《まこと》の愛、すなわち夫婦の真の愛の理想を完成しようとしました。エバは、神様の娘であると同時に、神様の横的な真の愛の理想を実体で完成する新婦でもあったのです。

アダムとエバが完成して神様の祝福のもとで結婚し、初愛を結ぶその場は、神様が実体の新婦を迎える場です。アダムとエバが夫婦として真の愛の理想を横的に結実させるその場に、神様の絶対愛の理想が縦的に臨在し、同参することによって、神様の真の愛と人間の真の愛が、縦横の基点を中心として一点から出発し、一点で

結実、完成するようになるのです。（二七七―一九八、一九九六・四・一六）

天宙の中心存在は神様です。その神様は、宇宙的な父母、全体の父母です。このすべての被造世界において、目的としたことを間違いなく経綸《けいりん》していかれるお方が、創造主《しゅ》であられます。その創造主から父母の心情圏を受け継いで、この地上に生まれるべき人類の先祖が、地の父母です。このように見るとき、天宙を中心として私たちは、三大父母を発見するようになります。永遠であられる天の父母がいると同時に、地の父母がいて、家庭の父母がいます。天の父母と地の父母と家庭の父母、この父母が何を中心として公的な内容の生活をするのでしょうか。物質を中心としたお金ではなく、知識でもなく、権力でもありません。ただ愛を中心として生活するのです。愛を根本としてあらゆるものを治める主体が、神様であり、地の真の父母であり、家庭の父母です。（一九九―二三一、一九九〇・二・二一）

私たちの始祖、アダムとエバが神様の愛を完成し、互いに真《まこと》の愛を与え合いながら善の子孫を繁殖していれば、どのような世界になっていたでしょうか。彼らは、創造主《しゅ》である神様を無形の縦的な父母として侍り、愛の夫婦となって横的な真の父母になり、理想家庭を築くようになります。その真の家庭を根源として繁殖した一族、つまりアダム一族の民として増え広がった彼らが築く国家と世界は、神様の愛と善に満ちあふれた幸福な文化世界に違いありません。このような世界が天国です。そして、神様の創造目的であるこの天国は間違いなく、地上に成し遂げられていたでしょう。人類始祖を根とする全人類は、本来、地上天国で生きたあと、その霊魂が天上天国に行くようになっているのです。

神様の創造目的はこのように、人類が神様を中心とする大家族を築き、人類全体が一つの兄弟、一つの眷属《けんぞく》となることでした。神様を中心とするアダム家庭の善の家法がそのまま伝統となって代々伝授され、一つの根から出てきた一つの言語、一つの文化、一つの天の主権だけが存在する統一世界になっていたはずなのです。（一

九〇―三二、一九八九・六・二三）

㈡ 復帰摂理の完成者として来られる真の父母

アダムとエバが堕落し、本然の責任を果たせないことによって、神様は真の子女を失い、人類は真の父母をもつことができないという一大悲劇を招きました。その結果として、神様の真の愛と真の父母の理想を具現する実体がなくなってしまったのです。この悲劇的失敗を立て直し、原状を回復するように指導することを目的として、神様は宗教を立てました。したがって、メシヤは、真の父母として、これまで偽りの父母によって植えられていた偽りの根を抜いてしまい、本然の創造理想を復帰するという重大な責任をもってくる方です。（二〇五―一五七、一九九〇・八・一六）

アダムとエバが人類の真の先祖になっていれば、救い主も必要なく、宗教も必要ありません。宗教が必要ない善なる世界は、神様が喜ばれる世界です。神様は、地上にそのような世界がつくられることを願われるのですが、地上にそのような世界はつくられませんでした。

堕落とは、一つになれなかったことです。そうして、真《まこと》の父母になれず、偽りの父母になったのです。ですから、私たちは、悪なる父母の血統をすべて消してしまい、真の父母の血統を受けて、天に帰らなければなりません。皆さんは、野生のオリーブとして生まれました。真のオリーブにならなければならないのに、野生のオリーブになったので、これを切ってしまい、真のオリーブの木を接ぎ木されなければならないのです。(二三―一六二、一九六九・五・一八)

人間始祖の堕落によって、神様が経綸《けいりん》し、神様が創造理想として立てようとされた人類の真の先祖を失ってしまいました。いくら立派で何不自由なく暮らしている人がいて、天下をすべて動かす人がいるとしても、彼らは堕落した先祖の血統を受けて生まれました。これが、最も痛恨なことです。堕落した始祖をもった人類は、サタンの地獄に向かって猛進しているので、これを遮り、真の先祖として来て、真の子女として抱《いだ》いてくれる本然の主人、本然の父母を求めてさまよってきたのが人類の歴史です。

そのため、神様は、四千年の歴史を通して復帰の道を歩み、また歩んで、堕落前のアダム、エバと同じ立場の位置を訪ねてくるのです。（一五四―二六一、一九六四・一〇・三）

真の父母は、救世主です。世の中を救ってあげなければなりません。偽りの父母が偽りの愛によって世の中を生み出したので、世の中を救うには、真の父母の真の愛によって救わなければなりません。

宗教を一つにする人がメシヤです。宗教を統一させ、真の愛を中心として、家庭定着を目指すのです。世の中も家庭定着を目指し、平和を目指します。宗教も平和統一を目指すのです。その次に、第一イスラエルであるユダヤの国と第二イスラエル圏も、その国を中心として家庭の失敗、国家の失敗、世界の失敗、このすべてのことを取り戻すために、第一アダム、第二アダムを経て、第三アダムを中心として進んでいくのです。そうして、天上世界と地上世界の失ってしまったすべてのものを初めて取り戻し、その上に立っている方が真《まこと》の父母です。

真の父母は、世の中の救世主の王です。真の父母はメシヤの王です。真の父母は、旧約時代、新約時代、成約時代の王です。真の父母は、見えない神様を身代わりする実体です。真の父母は、神様のために生まれたというのです。自分のためではありません。神様も、真の父母のために存在します。真の父母も神様も、真の愛によって一つになるのです。(三九九―一七八、二〇〇二・一二・二三)

㈢天の独り子、独り娘による「小羊の婚宴」

本来、人間始祖は、善なる父母として出発しなければなりませんでしたが、悪なる父母として出発したため、人間は、すべて悪なる父母の血統を受け継いで生まれました。神様の愛を「私」への愛としてそっくりそのまま受け、神様の懐に抱《いだ》かれて、神様の直系の愛を通した血族として残された息子、娘にならなければならないのですが、そのようになれなかったというのです。ですから、その本来の立場に帰らなければなりません。これが正に、新郎と新婦を迎える「小羊の婚宴」です。(四一―二八、一九七一・二・一二)

神様は、失ってしまったアダムとエバの代わりの存在を求めています。聖書では、イエス様を「後《のち》のアダム」と言い、完成したアダムを「生命《いのち》の木」と言っています。ですから、イエス様は、失ってしまった生命の木の代わりとして来られた方です。

しかし、イエス様は、使命を完結することができませんでした。神様と息子が喜ぶことができる一日をもつことができなかったので、「再臨」という言葉を残すようになったのです。神様がイエス様と共に喜ぶことができる一時、六千年の恨《ハン》の心情を吐露し、神様と、あるいは今後来られる主《しゅ》と息子、娘の関係を結ぶ日が来るのです。神様の独り子、イエス様がこの地上に来られて、もし亡くなっていなければ、イエス様が独り子だと語ったので、神様は彼のために独り娘も送られたでしょう。

神様の二千年の（キリスト教）歴史は、新婦を求めるための歴史です。イエス様は、真《まこと》の息子の姿で現れましたが、真の娘の姿がないので、神様のみ旨を成し遂げることができませんでした。ですから、二千年のキリスト教の歴史は、娘を求めるための歴史です。聖霊は、神様の娘として来られました。神様を解怨するその日が、「小羊の婚宴」の日です。（七―三〇三、一九五九・一〇・一一）

神様は今まで、サタンに創造世界をすべて奪われた立場に立っていたのですが、神様が負けるわけにはいかないので、この世の中に一つの真のオリーブの木の標本を送ろうというのが、メシヤ思想です。しかし、真のオリーブの木であるメシヤが一人で来てはいけません。サタン世界がすべて、夫婦を中心として社会を築き、国家を築いたので、メシヤが一人で来ては、真のオリーブの木になれないのです。メシヤとしての真のオリーブの木と、メシヤの相対となる真のオリーブの木を中心として、これが一つになってこそ、真のオリーブの木として役割を果たすのです。実を結べるということです。ですからイエス様は、この地に新郎として来て、新婦を探し出して真のオリーブの木の畑をつくり、サタン世界の野生のオリーブの木をすべて切って、接ぎ木する運動ができるように準備しなければなりませんでした。（一三四―一一、一九八五・一・二）

イエス様は、「私は神様の独り子だ」と言いました。独り子に必要なのは、独り娘です。イエス様がこの地上で世界を救うために出発しようとすれば、一人ではできません。家庭の土台を整えなければなりません。

独り子だと主張したイエス様の目的は、世界を統一して号令することです。それをする前に家庭をつくらなければならないのです。イエス様は、家庭をつくることができませんでした。ですから、この地上の人間たちを救おうとすれば、「このようにしなければならない」と言える家庭が出てこなければなりません。一つのモデル家庭が出てこなければならないのです。

イスラエルの国を救う前に、家庭をつくらなければなりません。もしイエス様が、神様の独り子として独り娘に出会って結婚式をするとすれば、その結婚式の主礼は、間違いなく神様がしてくださるのです。救援摂理の最高の目的は、神様が愛する一つの家庭をつくることです。それで、神様の愛を中心として、独り子と独り娘の立場で成長し、神様を父としてお迎えできる場で祝福を成し遂げ、人類の真《まこと》の先祖の基盤を整えるのです。その場を失ってしまったので、再び取り戻さなければなりません。(二五九―一九二、一九六八・五・一二)

イエス様が堕落した人間たちに対して、神様の息子、娘であることを示したことや、「私は神様の息子だ。神様の独り子だ」と語った事実は、偉大なことです。そして、「独り子」という名が地上に現れたという事実は、神様が数千年の蕩減《とうげん》歴史を経てくる中で、吉報中の吉報です。それで、独り子を中心として、ユダヤの国とユダヤ教、カインとアベルを入れ替え、血統を入れ替えなければなりません。

しかし、イエス様は、「独り子」という名をもって来ましたが、独り娘に出会うことができませんでした。そのような人に出会うには、そのままでは出会うことができません。準備された基盤がなければならないのです。個人と家庭、氏族を基盤として連結されていかなければなりません。（一六四―二五六、一九八七・五・一七）

イエス様が家庭基盤を備えるためには、新婦である聖霊を迎えなければなりません。実体の聖霊を迎えれば、平面的な基準を中心として、思いどおりに活動することができます。ところが、弟子たちが息子、娘の基準を立てられなかったために、イエス様は霊的な条件のみを立てたのです。これがイエス様の恨《ハン》です。このように、地上で完全蕩減《とうげん》の基準を立てられなかったので、イエス様は仕方なく、昇天するようになったのです。

男性は天の代身であり、女性は地の代身です。イエス様は人類の真《まこと》の父であり、聖霊は人類の真の母です。したがって、聖霊が実体をまとって降臨しなければならないのですが、実体である独り娘が現れなかったので、そのみ旨を成し遂げられなかったというのです。(二三一一七六、一九六九・五・一八)

再臨主は何をしに来られるのでしょうか。再臨時代は完成基準の時代なので、再臨主は人類の母を探しに来られるのです。すなわち、新婦を探しに来られるということです。新郎であられる主《しゅ》がこの地上で探される新婦は、堕落圏内で探す新婦ではありません。堕落していない純粋な血統をもって誕生した方を探すのです。それでは、そのような新婦、すなわちその母は、どのような基台の上で生まれなければならないのでしょうか。堕落した世界のアベル的な母の基台の上で生まれなければ

なりません。（三五—二一八、一九七〇・一〇・一九）

再臨主が来られて婚宴をすると言われています。婚宴、つまり「小羊の婚宴」をするには、イエス様を中心として新婦がいなければなりません。その新婦が、堕落する前のアダムの前にいたエバです。イエス様は第二次のアダムであり、来られる再臨主は第三次のアダムです。ですから、第三次のアダムが、堕落する前のアダムとして来て、堕落する前のエバを探し出し、「小羊の婚宴」をしなければならないのです。

結婚することによって人類の父母になるべきアダムとエバが、堕落したことによって悪なる父母になりました。それで、私たちが堕落する前の善なる父母に出会うようになれば、復帰されるのです。ですから、人類には善なる父母がいなければなりません。「小羊の婚宴」をするのは、善なる父母として即位するためです。（三六—二六四、一九七〇・一二・六）

第二節　勝利された真《まこと》のお母様

(一) 真の母を誕生させるための天の摂理

神様は、今まで韓国の地で、キリスト教を中心に神霊の役事をしてきました。解放前の一九三〇年代と一九四〇年代に、神様はこのための準備をさせてきました。神様のみ旨に従うべきキリスト教は、そのような立場で神様の内的な事情に従い、内的なみ旨を立てなければなりません。神様は、数多くの家庭を通して、あるいは数多くの開拓者を通して、このような役事をしてこられました。

鉄山《チョルサン》、平壌《ピョンヤン》、または元山《ウォンサン》のすべての動きは、その時代的環境に対応させるためでした。キリスト教が従わなければならなかったので、それを一歩前進した環境で、神様は準備させてこられたのです。(二八―五八、一九七〇・一・三)

二千年前のイスラエルの国においても、主《しゅ》を迎えるための内的な準備が多くあったように、解放前の韓国においても、再臨主を迎えるために準備した団体が数多くありました。そのように、復帰摂理の役事を内面的に果たしてきた団体も数多くあったのですが、母方の祖母と大母様《テモニム》は、そのような団体を訪ね回りながら、ひたすらみ旨のためだけに、ひたすら主に出会うその日を準備するために生きてこられたのです。結局、そのような信仰生活が、私（お母様）をこの場にまで導きました。

母方の祖母と大母様は、絶えず深い信仰生活をされました。常に分別され、清潔な生活、清い生活をされました。私は、生活のほとんどを大母様から学びましたが、母方の祖母からも影響を受けました。（真のお母様、一九九九・一〇・二二）

お母様お一人がお生まれになるためには、三代が一人娘であると同時に、三代が、来られる主のために生きた功績の基盤がなければなりません。お母様の背景を見ると、趙元模《チョウォンモ》おばあさんから洪順愛《ホンスネ》おばあさん、そして、お母様まで、三代が一人娘です。また、洪《ホン》氏おばあさんは、再臨主を迎えるための神霊教団の重要な幹部として教育されてきました。そうして、南に避難してくる頃に、お母様が許浩彬《ホホビン》（孝彬）氏の母親から「天の花嫁になるだろう」という祝福を受けたのです。お母様がそのような祝福を受けた基盤は、天が準備したのです。（二二〇―三三七、一九九一・一〇・二〇）

母方の祖母は、私（お母様）に対する天のみ旨を御存じで、私が世の中に染まらず、純粋に育って天のみ前に用いられ得る貴い娘として成長できるよう、多くの精誠を注がれました。祖母は、いつも私に「お前の父親は天のお父様だ」と言われました。ですから、父親と言えば、肉身の父のことを思わず、いつも天のお父様のことを思ったので、神様のことを思うと、いつも心が温かくなるように感じました。また、外的に見ればすぐには理解し難い環境で育ちましたが、特別な不平不満はありませんでした。いつも何かが私のことを包んでくれているような感じがあり、常にゆとりのある心で過ごしていました。

大母様《テモニム》や祖母にも、肉身の父親に関してや、お二人がどうしてこのような生活をしているのかなどといった質問は、全くしませんでした。肉身の父母に対する恨みや不満は、私の人生には全くなかったのです。（真《まこと》のお母様、一九九九・一〇・二一）

お母様の母方の祖母は趙《チョ》氏ですが、その趙氏たちが住んでいる所は、裕福な村でした。国の官職に携わった人たちが集まって住む、瓦ぶきの家が立ち並ぶ村です。そこに趙漢俊《チョハンヂュン》というおじいさんがいたのですが、お母様の母方の祖母が、その直系の子孫です。ですから、そのような伝統を中心として、母方の祖母と大母様が、お母様をとても愛しました。真心を込めてお母様を育てたのです。

大母様が、来られる主《しゅ》をお迎えしようと、八道江山《パルドガンサン》（韓半島全土）を駆け回るのに忙しく、満足に家庭生活をすることができないので、母方の祖母がお母様を育ててくれました。そして、霊界についてのあらゆる秘密を、誰よりも知ろうとしたのがこの家門です。（五七三―二六二、二〇〇七・八・二四）

私（お母様）は、六歳（数え）の時まで平安南道《ピョンアンナムド》の安州《アンヂュ》で過ごしましたが、その六年間、大母様《テモニム》の夢にはいつもサタンが現れ、私の命を奪おうとして付きまといました。ですから、大母様は、サタンと六年間、闘い続けられたのです。それでも深い意味は分からないまま、「なぜサタンがこれほどまでに追い回しながら、この子の命を奪おうとするのだろうか」と、ただ不思議に思っていたそうです。（真《まこと》のお母様、一九七七・五・三）

大母様は、迫害を受け、新イエス教会から腹中教《ポクチュン》を経て、統一教会まで来ました。三つの教団に仕えた歴史がなければ、お母様の先祖になることはできません。大母様がお母様を生んだのも、霊界の命令があって生んだのです。そのような歴史があります。そうでなければ、お母様として誰でも連れてきて立てることはできないのです。（五三九―六〇、二〇〇六・九・一七）

大母様が大邱《テグ》で小さな店を出していたある日、笠《かさ》をかぶった通りすがりの道人が、小学生だった幼い私（お母様）を見て、驚くべき証《あかし》をしました。「この娘は、十人の息子にも勝るので、しっかり育ててください。数えの十七歳になれば、年の差が大きい人と結婚する貴い娘です。陸海空の財産をもつ富者として暮らすでしょう」と言うのです。

大母様がその言葉を聞いて驚き、どういうことかと尋ねると、（その人は）「生まれる時から、そのような運命に生まれたのです」と言いました。大母様は、その言葉を聞いてから、真理のみ言《ことば》を求めて、さらに一生懸命に信仰しなければならないと決心されました。そして、「再臨主に出会うまでは、世俗に染まらないよう、正しく育てなければならない」と考え、済州道《チェヂュド》に行って生食《せいしょく》をするなど、厳しい霊的な鍛錬生活をされました。

その後、真のお父様に出会ってからは、私を統一教会の重要な働き手として育てようと思われました。そのように、一つのほこりも付かないようにされたのです。

それほど、天のみ旨に捧げるための摂理には、極端で、かつ涙ぐましい事情が秘められていたのです。(真《まこと》のお母様、二〇一三・一二・六)

大母様《テモニム》は、生涯にわたり、ただ一つの所に向かって信仰生活をしてこられた方です。その中で私たちが特別に記憶すべきことは、新たな摂理歴史において「再臨主が人として来られる」と宣布し、新しい教団を準備したすべての役事に、最初から参加してきたということです。聖主《ソンヂュ》教を中心として「母」の系統を引き継いだのは金聖道《キムソンド》であり、それが一代目です。

そして、もう一つの系統が腹中《ポクチュン》教の許浩彬《ホホビン》です。その系統で信仰の主流的歴史の伝統を引き継ぎ、来られる再臨主を迎えるために、選抜走者として走ってこられた方が大母様です。

お母様を生んで三代のエバの役事を経たのですが、お母様の時代に来て実を結ぶことができるというみ旨を暗々裏に知って、準備してきたおばあさんなのです。その間にあった苦労というものは、とても言い表すことができません。周辺にいる兄弟や親戚、仲間など、誰も理解できないこの道を独りで歩み、生食《せいしょく》をしながら、ありとあらゆる役事を経てきたのです。

しかし、最後まで自分の中心思想を曲げずに歩んでくることによって、お母様がお父様と出会える基台を造成しました。（二六五—九、一九九四・一一・七）

㈡ 真の父母様の聖婚

お父様が学生服を着た私（お母様）を御覧になったのちに、じっと目を閉じて感嘆されたことが、今も記憶にはっきりと残っています。すべては天が準備なさっていたと常に感じます。私の性格から見ても、生きてきた背景から見てもそうです。

イサクがアブラハムと、祭物を捧げるために山に登っていく時、アブラハムに「祭物はどこにあるのですか」と尋ねるのですが、アブラハムは「神様が既に準備されている」とだけ言いました。しかし、幼いイサクは、既にそこで状況判断をしていたのです。

それと同じように、私も、「私が何かをしなければならないようだ」という状況判断を、幼い頃からしていました。再臨主の相対として準備された自分であることを、それとなく感じていたように思います。

私は、既に私に定められた道を行かざるを得ないように生まれついたのです。他の女性であれば耐え難い立場でしたが、私はすべてのことに打ち勝ってきました。

（真《まこと》のお母様、一九九九・一〇・二一）

私（お母様）は、聖婚式の一カ月前に、お父様が夢に現れ、天から特別な啓示を受けました。「その日が近づいたので準備しなさい」と、啓示が下りたのです。その時は、いわば天が求婚したというより、天の訓令が下されたのです。訓令があった時、私は完全に自我を離れた立場にいました。

私はその時、天の摂理でなければ、そのような大きなことを判断できる能力がなかったので、無我の境地になる以外になかったのです。

そして、祈らざるを得ませんでした。「今まで私は、み意《こころ》のままに生きてまいりました。今、神様のみ意が何だったとしても、神様の摂理の目的がどのようなものだったとしても、命じられるままに従います」と、私は啓示に対して答えました。それは、私が満十七歳の時の二月頃でした。私は、完全に無我の立場で準備していたので、当時の事情などを分析したいとは思いませんでした。神様のみ意のままに応じることを、ひたすら願っていました。（真のお母様、一九七七・五・三）

先生は、結婚式場に行く前日まで、警察署で調書を作りながら闘いました。大勢の裏切り者が讒訴《ざんそ》する出来事や、イエス様の十二弟子が反対したように、統一教会で信仰の篤《あつ》かった十二人が一つになって反対する出来事が起きたのです。統一教会の味方になっていた人も反対し、キリスト教も反対し、国も反対したのです。イスラエルの国とユダヤ教とイスカリオテのユダが一つになってイエス様の命を奪ったのと、同じ運命に追い込まれました。それが正に、一九六〇年四月（陽暦）です。その時が、反対の絶頂期でした。もう一歩さらに進むか進めないか、死ぬか生きるか、ここから新しく出発できるかできないか、という境界線に到達したのです。

このような境地で、新しい歴史的なことを成し遂げたのです。その日は、神様が最高の天運を宣布できる日になりました。イエス様が語ったように、新婦を迎えられる歴史的な日になったのです。それが聖婚式です。そこから巻き返しの第一歩を踏み出しました。ようやく天の中心をつかみ、環境を処理して、急進的な発展を目指し始めたのです。（六七―二五〇、一九七三・七・一）

イエス様は、新婦を探すことが一代で果たすべき目的であったにもかかわらず、この使命を成し遂げることができませんでした。そうして、御自身は新郎であり、信徒は新婦であるという遺言を残されたのです。ですから、神様は、第二イスラエル圏内にある世界で、国を問わず最もよく信じる信徒たちを中心に、特等新婦を求めていらっしゃるのです。その新婦を求めてきたのが、イエス様以後の二千年歴史です。新婦を探し出すことによって、真《まこと》の先祖が現れ、真の先祖が現れることによって、真の父母が現れるのです。

本来、エデンの園で真の先祖である真の父母が現れなければならなかったのですが、人間の堕落により、六千年が過ぎた今になって、初めて神様は再臨時代を中心として、真の先祖を探し出したのです。言い換えれば、サタン世界の前に勝利した一人の男性が現れ、一人のエバを再創造した基準において神様の祝福を受け、聖婚式を行うことによって、初めて、六千年前に人類の真の先祖が立てられるべきだった基準を復帰したのです。数多くの堕落の子女が繁殖した六千年を経て、ようやく反対に、真の父母が現れたのです。（一九―一六三、一九六八・一・一）

今日、皆さんが知るべきことは、過去、現在、未来において永遠にたたえられ得るその名は何かということです。それは「真《まこと》の父母」です。真の父母がこの地上に顕現したという事実、真の父母がこの地上にいらっしゃるという事実は、何よりも喜ばしい、福音の中の福音です。

今日の邪悪な人間たちを悪が主管することによって、方向を整えることができないまま死亡圏が形成されているこの世界に、真の父母が顕現したことは、韓国の地を中心とした統一教会の十七年の歴史によって成就されたことではなく、神様の六千年にわたる歴史的な苦労による功績の結実として現れたことなのです。(四四―一三二、一九七一・五・六)

「真の父母」という名が出てくることによって、神様の創造理想世界、エデンの園から出発すべきだった永遠の未来の天国が、ここから出発するのです。その事実は歴史的であり、時代的であり、未来的です。ですから、過去、現在、未来の全体の歴史を見てみるとき、この地上に顕現した真の父母は、宇宙の中心を決定する中心ポイントです。

歴史はここから実を結び、ここから収拾され、ここから出発するのです。歴史がここで実を結ぶために、過去がここで復活するのであり、世界がここで一つの世界に収拾されるのであり、一つの世界が起源となり、新しい天国が成就されるのです。真の父母は人間たちの最高の希望なので、真の父母が顕現すれば、歴史的伝統は、未来で形成されるのではなく、真の父母が顕現した現実圏内で形成されるというのです。（四四―一三二、一九七一・五・六）

㈢ 真のお父様と生涯を共にされた真のお母様

統一教会の文鮮明《ムンソンミョン》を「真の父」と言うでしょう？　ここにいる韓鶴子《ハンハクチャ》氏は？　「真の母」と言うでしょう。いくら見ても、目も二つ、鼻も同じなのに、何が違いますか。根が違うのです。皆さんは、サタン世界の堕落した父母を通した堕落の根をもって生まれましたが、統一教会の文某《ムンなにがし》とここにいる韓鶴子《ハンハクチャ》、たった一人の鶴子、鶴子様は、根が違うというのです。神様を根として、歴史上に初めて、真《まこと》の愛の論理を中心とした統一論理をもって現れた主人公だというのです。(一四八―九、一九八六・一〇・四)

私(お母様)が歩んできた道は、考えるだけでも耐え難い、苦難の連続でした。神様は、選ばれたお父様に試練を与えられたように、私にも何度も試練を下さいました。そして、サタンも、お父様とイエス様を試みたように、私に対して、やはり試みました。メシヤが通過されたような過酷でひどい試練を、このか弱い女性が通過したのです。私は実に、荒々しい海に浮かんだ小さな帆舟のようでした。一方で、その当時は、私を訪ねてこられる神様の恵みを、最も深く感じた時でもありました。

私が苦痛の中にいるときも、神様は、自ら現れて啓示を下さり、導いてくださいました。そのような直接的な導きがないときも、私を愛し、守ってくれようとする周囲の人々を通して、（神様は）絶え間なく導き、啓示を下さいました。ですから、当時は、大変に困難な試練と苦難に耐えなければならない時だったにもかかわらず、同時に、その時こそ、最も美しく、神様の恵みに満ちあふれた、本当に神様が共にいてくださることを実感できる時でもありました。このようにして、完成に向かって苦悩しながら歩んだ成長期間が終わり、天が願われる基準に到達した私が、その当時を振り返るとき、その苦難に満ちた記憶がすべて、喜びに変わったのです。

私はいつでも、お父様と深い対話をし、交流することができました。お父様と私の間には、尽きない話題と限りない理解があり、無限の信頼に満ちあふれた対話がありました。お父様とそれほど多くの話を交わさなくても、深く互いの事情を理解することができました。なぜなら、お父様が通過してこられた事情と、私が歩んできた道が、神秘的なほど、非常に似ていたからです。お父様とは、共通の一つの目的を深く理解し、それゆえに不屈の信仰ですべてのことを忍耐し、すべての苦難と闘って完成基準に到達して、今やサタンが一切侵入できない基準まで歩んできたという勝利感があります。お父様と私が向かい合うとき、互いに感じる勝利感によって、私は限りなく慰められ、平安を得ることができました。(真《まこと》のお母様、一九七七・五・三)

お母様は、ひたすら完成基準に向かって、七年間闘ってきました。この七年という期間に、実に様々な非難と中傷、うわさ、誤解などが真の父母様の家庭を取り囲み、渦巻いていました。非難と中傷と迫害ゆえに血を流すような期間でしたが、それらすべてのものが、必要だったのです。問題は、お母様がこのような試練に耐え、非難されてもそれを克服して越えられるかということでした。

お母様はすべてのことに勝利しました。お母様はひたすら沈黙を守って、耐え忍ばなければなりませんでした。このような事情の中で、歳月が流れていきました。しかし、いかなることが起こっても、お母様は最後まで不屈の信仰によって忍耐し、犠牲になりながら、沈黙を守り、信仰し続けてきたのです。そして、ついに、非難されてきた事情がすべて逆さまになり、皆がお母様に頭を下げ、「この方は、本当に天宙のお母様であられる」と考えるようになりました。そのように尊敬し、侍るようになったのです。（一九七七・五・一）

時には、とても信じられないことが起こったりもしました。お母様を非難していた人々は結局、一人ずつ離れていきました。お父様は原理を知っているので、このような類いの事情をいかに主管し、指導者としての使命を果たして、最終的な勝利をもたらすべきか、よく分かっていたのです。もし原理を知らなかったならば、本当に、どのように処理すべきか分からず、うろたえたでしょう。結局は、愛です。愛が中心であり、すべてが愛の問題なのです。そして、愛の問題が極端な方向に行くこともあり得るというのです。お父様は、愛を征服し、復帰するために来ました。そして、それは神様に対する心情復帰でもあります。それこそ、愛の十字架でした。しかし、お母様は、このような困難を経ながらも、ただの一言も弁明しませんでし

た。お母様自らその苦難の意味を悟って忍耐し、ついに勝利したのです。（一九七七・五・三）

統一教会の先生、統一教会のレバレンド・ムーン、統一教会の責任者になることは簡単ですが、お母様が支持し、お母様が歓迎する責任者になることは難しいのです。統一教会の壇上に立って先生の役割をすることは難しいことではありませんが、お母様の前で先生の役割をすることは難しいというのです。それを考えれば、統一教会の皆さんよりも、お母様のほうが先生をもっと信じています。統一教会の皆さんが私を信じるよりも、お母様のほうがもっと私を信じているのです。あらゆる面において尊敬していることを知らなければなりません。（一〇三―一四七、一九七九・二・一八）

先生は三十年間、熾烈《しれつ》な戦場で闘い続けてきたのですが、お母様は、無慈悲な決闘を繰り返すかのような環境の中にいる先生に付いてきながら、よく耐え忍んできました。「私は行きたくない！」と言えば大変なことになります。「男性はそのような所に行きますが、女性は弱いので、そのような所には行けません」と、世の中の女性のように不平を言えば大変なことになるというのです。死の境地には、目を閉じてでも行かなければなりません。それがお母様の立派なところです。耐え忍んできたからです。千五百人の大衆の前に立ち、堂々と、微動だにせず、落ち着いた態度でいることができるのは、激戦の過程を見つめながら訓練を受けてきた過去の経験があるからです。(二二四―九九、一九九一・一一・二三)

私がお母様に対してお世辞を言っているわけではありません。お母様には、良い点が本当に多いのです。素晴らしいというのです。ですから、そのようなものをすべて見て、お母様として選んだのではないでしょうか。顔を見れば分かるのです。慎ましいですが、恐ろしい女性です。一度心に決めれば最後まで、自分一代でこの

複雑な恨《ハン》の峠をすべて清算する、という決心は、私よりお母様がもっと強いのです。（二二二―二七七、一九九一・一一・三）

お母様は、世界を代表した女性として、息子、娘を抱《だ》きかかえています。お母様に従う女性たちは、お母様の分身になります。お母様を、自分の夫以上に愛さなければなりません。お母様は聖霊です。聖霊に背いては、赦《ゆる》しを受けられないのです。再び生まれる道がありません。赦そうとしても、その根拠がないのです。お母様は、生命を復活させる方です。再び生んで祝福するのです。（二三三―八七、一九九二・七・三〇）

これからは先生がいなくても、お母様一人でみ旨に何の支障もないというのです。今までは、女性が天地を代表する摂理の代表者として立つことはできなかったのですが、父母の愛と一体的理想を中心として、初めてお母様を中心とする女性全体の解放圏が地上に宣布されたのです。それが、けさ行われた「女性解放圏」宣布の式典でした。

真《まこと》の父母の聖婚から三十年たって女性解放を宣布したというのです。ですから、先生が一人でいても真の父母様の代身であり、お母様が一人でいても真の父母様の代身です。ですから、先生が第一教主、その次に、お母様は第二教主だということです。（二〇〇一・一二六、一九九〇・三・二七）

あなた（お母様）は、神様の特命と復帰摂理歴史の実りとして結ばれた本然の神様の子女であり、人類の真の母の使命をもって、この地に来られました。天だけが記憶される中、蕩減《とうげん》復帰の苦難の路程を絶対信仰、絶対愛、絶対服従で勝利し、永遠の伝統を立てられました。一九六〇年に聖婚されたのち、天のみ前に真の子女の使命、夫の前に真の妻の使命、そして、子女の前に真の父母の使命を完遂されました。神様の復帰摂理と真の父母様の復帰の聖業が、霊界と肉界において勝利的に締めくくられる一九九九年の「真《まこと》の家庭世界化前進大会」を通して、世界八十カ所で「真の父母が伝授する生涯の教本」を万民に伝授されました。私は、創造本然のアダム、人類の真の父として、あなたの労苦と業績を褒めたたえ、天のみ前に感謝申し上げ、霊界と肉界と子孫たちの前でその治績をたたえるために、本表彰牌《はい》を捧げます。(三二〇—二一一、一九九九・六・一六)

第三節　ただ一組の人類の真の父母

㈠ 人類の真の父母は唯一

真の父母とは、どのような存在でしょうか。真の父母は、全体の希望の象徴です。堕落した人類の前に、絶対的な希望の象徴です。それは歴史的な結実体であり、この時代の中心であり、人類が生きている今日の、この世界の国家圏の中心です。そ

して、真の父母は、今後の理想世界につながる未来線上における出発点なのです。（三五―二三六、一九七〇・一〇・一九）

すべてのものは、真の父母に出会うことに帰結します。人類の真の父母が現れるのが歴史の願いであり、国家の願いであり、思想の願いであり、摂理の願いです。ですから、そのような真の父母が現れる時は、あとにも先にもない時であり、歴史上に一度しかない頂上なのです。永遠の世界から見れば、人間の一生というものは、一度呼吸をするのと同じような期間です。（五一―三五五、一九七一・一二・五）

真の父母様は一組だけです。今、この時の一度だけだというのです。過去にもいなかったのであり、未来にもいません。真の父母様が肉身をもって実体で存在するのは、この時だけだというのです。永遠の中でたった一度です。ですから、真の父母様が天の秘密を明確に教えてあげるのです。これは隠された真理です。先生がそのような概念を既に完成させておきました。そのような秘密の概念を教えてあげるまでは、サタンがすべてのものを占領してきました。先生が教えてあげたので、今ではもうすべてのことが明確になったというのです。今は、サタンが先頭に立つことはできません。神様も認めるのです。このまま付いていきさえすれば、完成するのに問題はないというのです。それが真《まこと》の父母様の教えです。（二四六―八四、一九九三・三・二三）

先生は、以前にも存在しなかったのであり、これからも存在しません。永遠にこの時しかいないというのです。真の父母が二組もいることができますか。絶対に一組です。先生が霊界に行けば終わりです。永遠に存在しません。だからといって、この思想がなくなるのでしょうか。そうではありません。先生が教えたあらゆることは、天下の真理として永遠に残るのです。（二二九―一六一、一九九二・四・一一）

「真」という言葉は、代表的であるという意味です。ですから、真の父母というのは、二組はあり得ません。一組しかいないのです。過去には存在せず、現在に一組だけ存在し、後代にも存在しません。歴史上に一組しかいない父母の名をもつ真の父母が現れたという事実は、歴史上、これ以上に喜べることはない出来事です。

(二六六―二五一、一九九五・一・二)

(二) 真の父母様を中心とした大転換期

歴史上、空前絶後のこの後天開闢《かいびゃく》の貴い時代を、肉身を土台とする五感にばかり頼って暮らしている皆様の目では直接感知できないことが、本当に残念です。一日も早く霊的な五感も開き、天の摂理が今この時代にどのように成し遂げられていっているのかを、はっきりと認知して生きていける皆様となることを願います。皆様の立場から見れば、代価なく受けたこの天運の時ですが、絶対的基準で設定した摂理的プログラムは、ただ皆様を待ってくれるばかりではないという点を肝に銘じてください。(「後天開闢《かいびゃく》時代の平和大使の使命」、二〇〇六・一二・八)

私たちは、去る(二〇〇九年)一月一日と一月十五日、そして三十一日の三回にわたって、歴史的な万王の王神様の新しい解放権と戴冠式および金婚式を挙行しました。特に一月三十一日には、東洋圏を代表する韓国の天正宮《チョンヂョングン》博物館において、そして西洋圏を代表するアメリカのニューヨークにおいて、このように同じ日に二カ所で、歴史上、空前絶後の摂理的行事を天のみ前に奉献するという記録を立てました。

今年の四月以降の季節は、私たち夫婦が聖婚式を行ってから五十回目となる季節です。一九六〇年の陰暦三月十六日、私たち夫婦は、聖婚式を通して天から印を受け、人類の真《まこと》の父母、真の師、真の王の険しい復帰摂理路程を出発しました。それから五十年、神様を完全解放、釈放してさしあげ、万王の王としてお迎えするまで、私たち夫婦が歩んできた蕩減《とうげん》復帰摂理の路程を、どうして筆舌ですべて説明できるでしょうか。遠い将来、歴史家たちが証明し、記録することになるでしょう。（「真の平和世界と真の父母国連世界の安着」、二〇〇九・六・一）

これからは時代が変わります。真の父母様の戴冠式と金婚式を契機として、カイン・アベルの完全一体圏の門が開かれつつあります。神様の本性的心情を相続し、共有する完成、完結の段階、すなわち堕落の痕跡さえない原状の人間に復帰される恩賜圏に進入する新しい時代なのです。

「○」と「×」の原理的次元から考えてみても、「○」の立場であられる神様の善主権が「×」の立場であるサタンの悪主権を、痕跡も残さずに根こそぎ抱《いだ》き、消化する時代圏を意味します。これ以上、実体の神様として役事される真の父母様と無形の神様を区別する必要のない地上・天上天国が実体的に皆様の目の前で広がる、そのような時代圏が開かれつつあるのです。（「真の平和世界と真の父母国連世界の安着」、

二〇〇九・六・一）

㈢最終一体を成し遂げられた天地人真《まこと》の父母様

二〇一〇年天暦五月八日午前二時二十分と五月十五日午前三時二十五分、このように両日にかけてアメリカのラスベガスにおいて、神様を中心とした天地人真の父母様の特別宣布が行われました。

ここでいう三時二十五分の三数は「初不得三《チョブドゥクサム》」（精進すれば必ず成功するという意味）の三時代を代表するものでもあり、旧約、新約、成約の三時代を象徴する数《かず》です。そして、二十五分の二十五数は百の四分の一を象徴します。既に真の父母様御夫妻は、最終一体を成し遂げ、完成、完結、完了の基準で、全体、全般、全権、全能の時代を奉献、宣布されたのです。（「天地人真の父母定着実体み言《ことば》宣布天宙大会」）

二〇一〇年天暦五月十五日、この日付が重要です。この日、お父様とお母様が最後の宣言をしました。その時、韓国とそれ以外に対する方針を、お父様とお母様が約束しました。間違いなく、お母様がお父様と一つになって進むことを約束した時間です。それを公布した時間が、二〇一〇年天暦五月十五日午前三時二十五分です。堕落した世界の終幕の闘いにおいて、お母様がお父様と神様を中心として約束したのですが、それが二〇一〇年天暦五月十五日午前三時二十五分の出来事です。

その時、「三時は初不得三の三時代を代表し、旧約・新約・成約時代の完成、完結、完了の時代を迎え、真のお父様と真のお母様の最終一体圏が完成、完了した全体、全般、全権、全能の時代を奉献、宣布する」と言いました。（二〇一〇・七・一）

天地のすべての存在が、二〇一一年十二月十一日、きょうこの時間に焦点を合わせています。真の父母がこの地上において、主人である創造主《しゅ》の本然の基準を完成、完結、完了することによって、地と天、父と子女、家庭と世界が一体となって解放、釈放され、天宙の真《まこと》の父母の勝利と創造理想世界の勝利の覇権を完成・完結・完了宣布するこの日となりました。

神様万歳！　真の父母様万万歳！　万宇宙の解放勝利の覇権の王者、真の神様と真の父母一体圏家庭の天国となるようお許しくださった、すべてのことを成し遂げました。すべての勝利の主権が決定されたものとして宣布いたします。天と地、天地父母が一体となり得るけさ、完成解放終了を宣布する、この時間となったことを感謝いたします。アーヂュ！（二〇一一・一二・一二）

内的な神様、外的な神様が分かれた起源を、完全に一つになった立場から、これからは、真の父母様になることができる文鮮明《ムンソンミョン》、韓鶴子《ハンハクチャ》という二人の人が、堕落が存在しないエデンの園にあって、「善悪の実を食べたら、死ぬであろう」と言われた、それ以前の位置に返っていき、一組でなく万々組が怨讐《おんしゅう》になった息子、娘に純潔教育を施し一つにさせ、統一的な家庭に一つの中心、一体圏を成して、天の勝利の覇

郵 便 は が き

おそれいりますが、切手をお貼りください

150 - 0042

（受取人）
東京都渋谷区宇田川町
37-18　トツネビル３Ｆ
（株）光言社
愛読者係　行

ご応募くださいました方の中から毎月抽選で10名の方に光言社の製品（書籍・ビデオ・写真・はがきセットなど）をお贈りします。

通信欄　今後どのような内容の本をご希望か、お聞かせください。また、ご要望、その他なんでもお聞かせください。

このハガキが入っていた本のタイトルをご記入ください

本書を何でお知りになりましたか

□広告を見て（紙誌名　　　　　　　　　　　　　　　　　　　　　　　　　　　　　）
□人に勧められて（　　　　　　　　　　　　　　　　　　　　　　　　　　　　　　）
□書店の店頭で見て
□当社からのFax案内を見て　□ポスターを見て　□ホームページを見て
□その他（　　　　　　　　　　　　　　　　　　　　　　　　　　　　　　　　　）

本書についてご感想をお聞かせください（この項は必ずご記入ください）

フリガナ お名前	生年月日　　　　歳 年　月　日	性別 男・女
ご住所　〒 お電話（　　）　－ E-mail：		
ご職業　1.会社員　2.公務員　3.自営業　4.自由業　5.主婦　6.学生 7.その他（　　　　　　）		

ご購読ありがとうございました。今後の出版企画の参考にさせていただきます。
E-mail、Faxでもご応募できます。

E-mail：dokusha@kogensha.com　Fax：03-3468-5418

権的主権と天国を完成した、このすべてを喜びとして歓迎いたします。

お母様を基点として始まり、父母様を中心として始まる二つのアダム家庭の父母として、子孫万代一つになって、夜の神様、昼の神様に分かれた本然の創造主《しゅ》をお迎えすることができる、韓国の伝統的歴史である沈清《シムチョン》と春香《チュニャン》、李舜臣《イスンシン》将軍といった国家のすべての忠孝指導に完全、完成、完覇を記念することができるこの場を私が借りて、すべてをお父様が御苦労し、成し遂げられたことを感謝いたします。

ここに、お母様とお父様がこのみ旨に従って苦労したことを感謝しながら、すべての順序を天の前にこの時間、きれいに整理し、捧げる記念の時間として受け取られ、天に奉献、敬拝することのできるこの時間をもちましたので、お父様、喜びでこの時間をお受け取りください！（二〇一二・四・一四）

創造主の権限を再び回復された、神様の絶対信仰、絶対愛、絶対服従の基準を中心として、天地人真の父母定着実体み言《ことば》宣布天宙大会を最終完成・完結することを、お父様の前に奉献しますので、お受け取りください。

今から真《まこと》の父母様は、エデンの園を超えた、本然の故郷の地を中心として、一つの伝統に従って、一つの血統と一つに似た永遠不変の一族である、理想的覇権の主人を、永遠に、そして安全に指揮することができる、絶対主であられる神様の祝福が共にあることを誓い、宣言いたします。

永遠なる勝利的覇権、天の統一的愛が完結する理想天国を完結して、共に歩んでくださるよう祈願いたします。お父様、お受け取りください。

あなたが許諾されたことと存じますので、私たちもこれを受けて、絶対頂上、正午定着で位置を守って、より一層共に歩むことができるよう祈願いたします。

天地父母よ！

神様万歳！

真の父母様万歳！

天一国《てんいちこく》、統一世界に永遠に勝利の覇権を完成するであろう。アーヂュ！　アー

チュ！　アージュ！　感謝いたします！（二〇一二・四・一四）

第三章　大転換期における生活信仰

第一節　天地人真《まこと》の父母様の勝利圏相続

㈠ 真の父母様と祝福家庭

祝福を受けた人は、イエス様以上の立場にいます。祝福を受けた皆さんを、サタンは讒訴《ざんそ》することができません。男性も女性も、すべて讒訴できないのです。なぜでしょうか。真の父母を中心として血統が連結されているからです。皆さんは世界的な蕩減《とうげん》路程を通過できていませんが、私は既に通過してきたので、その勝利した路程を、子女である皆さんに相続させてあげることができるのです。（一八九―一四七、一九八九・四・一）

主体的な神様を中心として、先生がそのマイナスとなって完全統一を成し遂げたのと同じように、皆さんも、真の父母を中心として実体的なプラスとマイナスの立場に立ってこそ、神様と一つになった位置に自由に入っていくことができるのです。

したがって、皆さんは、皆さんの肉身の父母に所属した息子、娘ではなく、まず神様の息子、娘であることを闡明《せんめい》（今まで明確でなかった道理や意義を明らかにすること）していかなければなりません。

たとえ、今はまだ、皆さん自身が神様の息子、娘だと叫ぶには不足な点があったとしても、真の父母から祝福され、真の父母の息子、娘になったという条件的基準を中心としてでも、自信をもって進んでいかなければなりません。（二〇〇四・七・一六）

統一教会では、「皆さんは真の父母の息子、娘だ」ということを教えてあげました。そのような話を聞いて駆け寄ってくる皆さんが、たとえ不完全な姿だとしても、先生にとっては子女です。子女は、すべて子女なので、目も鼻もない不完全な子女だとしても、父母は養ってあげなければなりません。手足のない姿だとしても、息をして生きている痕跡さえあれば、子女は子女です。皆さんも、これと同じです。このように皆さんは口を開いて無条件に父母から相続しようとするのですが、真《まこと》の父母という立場は、そのようなことを解決してあげなければならない道理があるのです。このようなことを考えれば、皆さんは本当に幸福な立場です。（一九―一一〇、一九六七・一二・三一）

皆さんはどこに行っても、統一教会の信徒であると誇らしく宣布しなければなりません。私たちは、真の父母様に属した人々です。私たちは、真の父母の子女たちです。争ってはならないというのです。争うのは、サタンを受け入れることです。宣布して歩きなさいというのです。「私たちはナンバーワンの神様の子女である！」と言うのです。そうすれば、サタンが讒訴《ざんそ》することができません。そのような考えをしっかりもって歩きなさいというのです。（二〇一―一二九、一九九〇・三・二七）

真の父母は、神様が創造された堕落していないアダムを身代わりする完成した方を意味します。一代が神様、二代が真の父母、三代が祝福家庭です。三代です。そこには何もありません。国も何もないのです。一代、二代、三代、その間には、堕落や、偽りの愛や、偽りの生命や、偽りの血統などというものもなく、名前もありません。（三六三―二二五、二〇〇一・一二・二五）

(二) 真の父母様の伝統相続

本来、アダムとエバが堕落していなければ、人類歴史は、父母から始まっていたはずです。父母の言葉がその子孫の言葉になるのであり、父母の生きていく生活様式がその子孫の生活様式になるのであり、父母が感じた環境的な要件を、その子孫が感じながら生きていくようになるのです。歴史は、父母から始まるのです。（二六―二八〇、一九六九・一一・一〇）

今後の歴史は、どのようになるのでしょうか。真《まこと》の父母の伝統が出てくるようになれば、真の父母を中心として生きた生活圏は、歴史時代の現実的な伝統の基準として永遠に残されるのです。今から千年が過ぎれば、人間は希望の未来を見つめながらそれを追求するのではなく、逆に、千年前のこの時を模範として進むようになります。真の父母が現れれば、万民は、その真の父母の伝統を完全に模範として、その中心に従っていくのです。未来の伝統的歴史、希望的歴史の全体を代表でき、未来の時代的な中心の歴史全体に代わり得る基盤が、真の父母の家庭です。神様の六千年の歴史は、真の父母の家庭を残すための歴史です。今日、人類は何のために身もだえしているのでしょうか。真の父母の家庭に出会うためなのです。(四四―一三四、一九七一・五・六)

皆さんが相続すべきものは、真の父母様の伝統です。どんなに精誠を捧げたとしても、自分勝手に精誠を捧げてはいけません。摂理史的観点を通して、公式的観点

を通して精誠を捧げなければなりません。（二八二―四九、一九九七・三・一〇）

心情は父母の心情で、体は僕《しもべ》の体で行動してこそ、主人になります。これが神様の遺業です。これは、父の心情をもって涙と汗を流し、血を流してこそ、得ることができます。真の指導者になろうとすれば、真の指導を受けなければなりません。天の道を行く真の父母の涙、真の父母の汗、真の父母の血を受け継がなければなりません。伝統として残す、涙と汗と血を流さなければなりません。（一一―一五五、一九六一・五・一八）

㈢ 真の父母様と共に暮らす

自分たちが豊かに生きることも重要で、何かをすることも重要ですが、まずは自分たちが縦的な天の父母のみ前に孝の道理を立てなければならず、縦的な天の父母のみ前に忠の道理を立てなければならず、縦的な天の父母のみ前に聖人以上の道理を立てなければなりません。それが人間の生まれた本来の目的です。また、そのような人に出会うために、神様が人を造ったのです。そのような目的があるというのです。次に、横的な父母の前に孝子とならなければなりません。絶対的に一つにならなければなりません。絶対的に一つとなり、絶対的に共に暮らさなければなりません。（五八―二三一、一九七二・六・一一）

個人で暮らしても、真《まこと》の父母を中心として暮らし、家庭で暮らしても、真の家庭の伝統を受け継いで暮らしなさいというのです。教会のために生きるときも、真の父母が教会のために生きた、その伝統を手本として生きるのです。国のために生きるときも、真の父母が国のために生きた、その伝統を手本として生きなければなりません。真の父母がみ旨を中心として、世界のために一生を捧げていく歩みをしたならば、それを伝統として、皆さんもそのように生きるのです。真の父母と同じように生きたという立場に立ってこそ、同じ国と同じ世界で、共に幸福を迎えるのではないかというのです。（四四―一六二、一九七一・五・六）

神様と最高の人に侍ることができ、最高の父母に侍ることができる、その位置以上にもっと良いものがどこにあるでしょうか。私たちの最高の願いとは何かというと、神様と失ってしまった真の父母をお迎えし、天の愛のもとで、その平和の場で、その父母の膝下《しっか》で永遠に暮らすことです。それが私たちの最高の幸福です。（一五一―二〇四、一九六二・一二・一五）

皆さんは、今から、真の父母と一緒に暮らさなければなりません。神様は祖父母の立場であり、真の父母は父母の立場であり、自分たちは子女の立場だというのです。三代が共に暮らさなければならないという結論が出てくるのです。神様が「私」と共にあり、真の父母が私と共にあることを感じて暮らさなければなりません。（一

三一―九七、一九八四・四・一六）

今まで人間は、未来の統一の世界、一つの世界を求め、未来に希望を抱《いだ》いて生きてきましたが、真《まこと》の父母に侍る孝子、孝女にとっては、未来ではありません。その父母と共に、どのように幸せに暮らすかということが問題なのです。それが一番の希望であり、一番の願いであり、一番の欲望です。現実は不幸でありながら、未来の幸福を求めていく所が天国ではありません。

この滅びる運命の圏内で、世界よりも貴く、国よりも貴く、自分自身よりも高貴なものを中心として、それに陶酔できる境地をもっているとすれば、その人は誰よりも幸せな人ではないでしょうか。そのような位置は、歴史上にない、何よりも幸せな位置ではないかというのです。それが、真の父母に侍ることができる幸福な一日をもった人です。（五一―二三六、一九七一・一一・二八）

第二節　大転換期における生活姿勢

(一) 真の父母を慕う心情

統一教会には、立派な人がたくさん入ってきました。しかし、「でたらめな内容だ」と思って信じることができなければ、サタンが引き剥がしていきます。そのような時は、ただでは行きません。何倍もの損害を負わせて行くのです。サタンは、天の側の人が「良い」と思う道を、何が何でも妨げようとするのです。

しかし、悪なる人を中心として妨げようとしてもそれができないのは、真の父母を慕う心、会いたいと思う心があるからです。真の父母に会いたいと思い、その心を中心として、さらに真の父母に会いたいと思えば、引っ張っていけないのです。

私たちの周囲を見れば、日本の女性や世界の女性たちが先生を慕っています。サタンの前で真《まこと》の父母を慕えば、真の父母が現れていない時にすべてを占領していたサタンは、どれほど気分が悪いでしょうか。神様御自身も、慕うことなく追い出してしまわれた人類の先祖ですが、その人類の先祖に代わる真の父母の基準が出てきたという時には、サタンが対することはできないのです。

ですから、先生に対する思慕の心情が誰よりも懇切な人は、迫害が多ければ多いほど、サタンが来て反対すれば反対するほど、その思慕の情熱が冷めるのではなく、もっと燃え上がるというのです。（五一三—二一七、二〇〇六・一・一）

世の中の流れと同時に、先生も発展していきます。先生を信じて慕う心は、いつも同じ基準にあるのではありません。先生はどんどん発展していきます。昔、慕っていた、そのような思慕の基準を中心としては、自分自身、これ以上慕おうとしても、慕う心が出てこないのです。ですから、出会いの場を失ってはいけません。遠くなれば遠くなるほど、もっと近くに来て、慕うことができるように、み言《ことば》を学び

なさいというのです。（五一三―二二八、二〇〇六・一・二）

父母から血肉を受け継ぎ、言葉も父母から学ばなければなりません。御飯を食べることも父母から学ばなければならず、行動も父母から学ばなければならないのです。父母から学んだこと以外の行動をすることは、サタンのものです。真の父母から生まれたので、真の父母の言葉と、真の父母の行動と、真の父母の家庭の家法と生活方法を学ばなければなりません。それ以外のものはサタンのものです。このことを皆さんは、はっきりと知らなければなりません。

真の父母を抜いては、教育もあってはならず、生活の基盤もあってはなりません。真の父母と完全に一つにならなければならないのです。一つになることとは何かというと、「真の父母の生活が私の生活であり、真の父母の理念が私の理念であり、真の父母の仕事が私の仕事であり、真の父母の愛の圏が私の愛の圏である」、このようにならなければならないということです。（四四―一四二、一九七一・五・六）

孝子は、百年たとうと千年たとうと、父母から離れてはいけません。「一緒にいたい！」と思わなければなりません。父母に「できるならば、千年、万年一緒にいたい！」と思わせる、そのような父母の心を引きつける子女でなければ、孝子ではありません。そのような孝子であるという人は、手を挙げてください。いないでしょう。しかし実際には、いくら不足な子女だとしても、「その子と一緒にいたい」という思いが父母にはあるのです。ですから、父母の愛は「真《まこと》」だというのです。（一四七―二九二、一九八六・一〇・一）

(二) 感謝の生活

私たちは常に感謝しなければなりません。まず神様に感謝し、その次に、夫に感謝し、妻に感謝し、隣人たちに感謝しなければなりません。感謝すればするほど、より深い愛が連なって流れ込んできます。たくさん感謝をすればするほど、その感謝に比例して、神様の愛の量がさらに増えるでしょう。ですから、私が死ぬときには、感謝の言葉を世の中に残し、愛だけをもって父のみ元に帰ります。愛の中で永遠に生きるのです。そのときには、どれほど神様をあがめ、感謝しながら生きるだろうかというのです。それが夢です。

私たちは、愛の祝福の場に行くために、感謝する生活をしなければなりません。不幸にぶつかれば、神様もそれを御存じです。世界で最も不幸な状況にぶつかったとすれば、神様がそれを記憶せざるを得ません。その場で感謝することによって消化するようになれば、神様が「信じられる人だ」と言われるのです。それを越えていけば、世界にまたとない福を受けます。このような原則があるというのです。（九三―一九五、一九七七・五・二九）

感謝することを知っている人には、サタンが侵犯できません。サタンが侵犯したとしても、逃げていきます。たとえサタンの侵犯を受けたとしても、「全体を蕩減《とうげん》させるために、神様が私に試練を下さったのだ」と考えるのです。そのような人に一度、二度、三度と向き合っていると、やればやるほど自分が滅びるので、「来なさい」と言っても、サタンは来なくなります。しかし、試練を避けていこうとすればするほど、サタンはその人に付いていくのです。（三四—一三七、一九七〇・八・三〇）

統一教会は今まで反対を受けてきましたが、反対される理由が何かというと、悪いから反対されるのではありません。悪の世界にとって、自分たちが不自由になるようなことをするので、反対しているのです。その反対を受ける場で、それ以上に感謝すべきことが間違いなくあります。天のみ旨がその足場に立てられると考えれば、感謝しなければならないのです。ですから、「不平」という言葉は地獄にもあり得ません。地獄に行っても、不平を言わなければ天国になります。天国に行っても、不平を言えば地獄になるのです。（三〇一—二八四、一九九九・五・五）

私（お母様）の生涯の座右の銘は、いかにしてきのうよりきょう、さらに感謝の気持ちをもって生きていくかということです。きのうよりきょう、さらに感謝し、あすはきょうよりもっと感謝しながら生きるために努力してきました。日ごと、感謝の気持ちをもつことが、私の人生の目標でした。お父様はダンベリーに出発される直前に、「不平を言ってはいけない。立てられた立場で感謝し、感謝することによって完全に一つとなったとき、大きな奇跡が起きる」と語られました。（真《まこと》のお母様、一九八四・七・三一）

本当に一〇〇パーセント感謝するとき、心と体が統一されます。そして、皆さんの周辺が幸せになります。皆さんが、天の下さった祝福に感謝する心をもって生活すれば、周辺をさらに幸せにすることができ、祝福を家庭と社会と国と世界に広げていけるだろうと思います。歴史始まって以来、一度しか来られない天地人真の父母様と共に活動した皆さんは、幸福な人です。（真のお母様、二〇一二・一一・二四）

㈢　真《まこと》の父母を中心として一つになる

皆さんはこの時点、この瞬間が、どれほど貴いかを知らなければなりません。ヨシュアとカレブは、どちらも名門の家の子孫でした。年を取るまで、天のみ前に忠義を尽くしたのです。カレブの立場からすれば、不足しているものは何もなかったにもかかわらず、ヨシュアと一つになったというのです。「自分のほうが優れている」とは言わず、ヨシュアを立てたというのです。カイン・アベルが復帰されたこのような基台を立てた上で、イスラエル民族を通してメシヤが来ることができたのです。

私（お母様）は、私たちの指導者たちを見ながら、このような面に思いをはせています。互いに愛し合い、誇りに思う文化が定着していません。私たちは、互いに大事にし、愛し合う気持ちが、世の中のどの団体よりも強くなければなりません。真の父母の子女なので、違わなければならないのです。今からでも、皆さんを通して、私が環境創造をしたいと思います。

高くなろうとばかりするのではなく、互いにために生き、育て合い、誇り合うようになれば、全体が大きくなれるのです。自分だけが優れていると考え、自分が最高であると考えて、自分の考え以外にはないと思う団体や個人は、発展しません。自己中心的に進めば衰退していき、ために生きる生活を実践すれば発展するようになります。絶対に、自分によって苦しむ人がいてはいけません。私たちは、生命を生かす人々です。兄弟と食口《シック》とすべての人々を、愛で抱《いだ》かなければなりません。（真のお母様、二〇一三・九・二二）

真の父母様のみ前では、無条件にみな孝子、孝女にならなければなりません。そして、兄弟たちが真の愛によって一つにならなければなりません。父母は、優れた子女よりは、足りない子女に対して、より心配をするようになります。子女たちを育ててみれば、みなそのような心情が分かるでしょう。それと同じように、困難な状況にある兄弟たちに対して、さらにために生きる心で愛するようになれば、私たちの基盤はもっと大きくなるでしょう。

私たちには、真《まこと》の父母を中心とした、真の家庭の固い絆《きずな》があります。皆さんが、み旨を中心として、環境を広く、深く、高く創造するに従い、私たちの基盤は、より一層、大きくなるでしょう。私たちの目標は一つです。天の父母様と天地人真の父母様を中心とした一つの世界、統一世界をつくることです。（真のお母様、二〇一三・一〇・二）

兄弟間の争いは、父母の気持ちが分からず、父母の深い心情をよく推し量ることができないために起きるのです。真の愛を中心として心情関係を結んでこそ、父母の気持ちが分かるようになります。また、真の父母様と一心、一体、一念、一和を成し遂げるようになります。考えと感情と言葉と行動が一つになって現れるのです。そうして、真の父母に似た真の子女の生活をするようになれば、相手と自分が別々ではなく、一つの血統であり、同じ兄弟姉妹であることを感じるようになるでしょう。誰もが願う幸福な人生と平和な世界を、私たちは築くことができます。隣人を自分の体のように愛し、怨讐《おんしゅう》までも赦《ゆる》しながら、世界平和のために一つにならなければなりません。天の父母様に侍る一つの世界、人類が同じ兄弟姉妹として大家族になるその日まで、力強く、勇ましく進まなければなりません。（真のお母様、二〇一四・八・一二）

私たちは歴史を通して、選ばれた民族と責任者、国々が責任を果たせなくなると き、いかに大きな蕩減《とうげん》を払ってきたかを見てきました。大きな祝福を受けた位置は、自分だけの位置ではありません。世界全体が一つになれるよう、責任を果たさなければならないということです。

地政学的に見ても、日本は韓国と一つにならなければなりません。一国が豊かに暮らすとしても、アジアの他の国々と一つになれなければ、永遠には続かないでしょ

う。一つになる道だけが、生き残ることのできる道であり、また、深刻になってい
る地球の環境問題や、様々な問題を改善することのできる道です。日本も多くの問
題があるのですが、真《まこと》の父母様に侍って一つになるとき、すべての問題点が一つ一
つ取り除かれていくでしょう。日本の祝福家庭と国民が、真の父母様と一つになっ
て、アジアを救い、世界を救う活動の先頭に立ってくれることを願います。(真の
お母様、二〇一三・一〇・一六)

第三節　大転換期における生活実践

(一) 訓読会の徹底

忠孝の道理を果たし、聖人の道理、聖子《せいし》の道理を果たして、地上天国と天上天国
を完結するというみ旨に携わる生涯を送ったのは、貴いことです。その基準から脱

落しないよう、各自、越えるべき家庭の基準をつくらなければなりません。エデンの園に帰れば、神様が直接主管する位置を許されるのです。この基準を立てなければ、千ほど、万ほども差がついてそのまま残ってしまうので、父母様の伝統を受け継ぐために訓読会を始めました。今まで、父母とはどのような方かということを一つも知らずにいたのです。(二八九—三〇七、一九九八・二・二)

み言《ことば》を伝える時には生死を越えて、話をしたことを知らなければなりません。そのみ言には、その時、深刻だった天の心情圏が埋まっています。そのみ言を読み始めれば、昔、感動を受け、関係を結んだ霊人たちがすべて協助するので、相当な恩恵が宿るのです。もう一度、このように目を覚まして読むことにより、昔、天が行ったその役事が今も同じように起きるのですが、その背後では、霊界の協助によって何十倍、何百倍、強く役事するというのです。(三二七—二四八、二〇〇〇・七・三〇)

訓読会をすれば、その時のお父様の心情に通じるので、思わず涙を流し、思わずむせび泣くのです。訓読会には、そのような力があります。電気でいえば、蓄電されるのです。誰の話でもそのようになるのではありません。先生が生きるか死ぬかの生死の境で語った言葉なので、そのようになるのです。(三〇一―八七、一九九九・四・一六)

今、訓読会を一番熱心にしている人は誰でしょうか。それは神様です。その次がお父様であり、次がお母様です。先生は、み言《ことば》をすべて知っているのに、なぜそれを熱心にするのでしょうか。それは、皆さんと和合するためです。皆さんが先生と和合するようにするためなのです。完全な主体の前に対象をつくってあげ、父母様がしたことを皆さんにもできるようにしてあげるためにするのです。

ですから、いつも神様と共に訓読会をするのです。皆さんが父母と共に訓読し、兄弟と共に訓読会をすることが、どれほど幸福か分かりません。それが、神様に侍っ

て生きるということなのです。（二九五―二六八、一九九八・九・八）

訓読をするとき、代表が出てきて読むよりも、全員で順番に読まなければなりません。どこまで読むかを決めて、すべて読めば、次に読む人を指名し、読ませるのです。そのように読みながら、自分の声に感動しなければなりません。恩恵を受けなければ、訓読会をするために責任者が十回以上本を読んでできなさいというのです。先生自身もそうです。巡回講演をするときは、先生が原稿をすべて書いて、分かっていますが、祈る気持ちですべて透視しなければなりません。（二九六―三三一、一九九八・一一・一八）

御飯は、毎日食べてもおいしいのです。真理に通じる糧は、毎日食べれば、味がおいしくなります。生命のみ言は、毎日食べてもおいしいのです。原理のみ言を死ぬまで聞いても好きな人は、絶対に地獄行きになりません。「すべて知っている！」

と言うかもしれませんが、それは、頭だけで知り、心情圏とは何の関係もありません。それを聞けば聞くほど、天の生命圏が訪ねてくるのです。(二三九―一四五、一九九二・一一・二四)

皆さんは、み言《ことば》に対する伝統を立てなければなりません。そして、み言とともに一体となることができる人格を備えなければなりません。「終わりの日」の審判には、三大審判があります。その一番目はみ言の審判、二番目は人格審判、三番目は心情審判です。これが絶対的な基準になっています。人が、神様のみ言と一致した位置に立つことができなかったのが堕落です。「取って食べてはならない」というみ言を絶対視して、伝統を立てなければなりませんでした。そのようにすることができずに堕落したので、復帰の路程を歩んでいく人々は、最後に現れる一つの真理のみ言と一つになれる伝統を立てなければなりません。天には、そのような伝統が立てられているのですが、地上に住んでいる人々には、そのような伝統ができていません。もしこの伝統が立てられなければ、統一教会も、キリスト教のように数多くの教派に分裂する可能性があります。（二一一―三二六、一九六九・一・一）

(二) 絶対「性」教育

アダムとエバがモデル平和理想家庭を成すには、絶対必要条件があります。絶対者であられる神様が、絶対的基準の上で絶対的価値を賦与するために、御自身の子女として創造した人間においては、天道が要求する絶対基準の道を行かなければならないのです。絶対者であられる神様を父母として侍るために、行かなければならない宿命的路程の人生が必要だということです。言い換えれば、人間が神様に似て完成し、絶対者の息子、娘と呼ばれ得る人格者の姿を確保するには、天が定めておいた絶対的基準の道を歩まなければならないという意味です。その中で最も重要なものが正に絶対「性」の基準です。（「神様の絶対平和理想モデルである絶対性家庭と世

界王国」、二〇〇六・一一・二一）

絶対「性」は、このように天が人間に賦与された最高の祝福です。絶対「性」の基準を固守しなければ、人格完成、すなわち完成人間の道が不可能だからです。さらには、神様も人格神、実体神の位相を立てるためには、完成人間を通して真《まこと》なる家庭的絶対「性」の基盤を確保しなければ不可能だからです。絶対者であられる神様が、私たちの人生を直接主管され、私たちと同居し、共に楽しまれるためには、御自身の相対であり、子女として創造した人間が、神様のように絶対「性」的基準で完成した家庭の姿を備えなければならないという意味です。絶対「性」を中心とする家庭の枠の中でこそ、祖父母、父母、子女、孫と孫娘、このように三代圏を含む、人間の本然の人生の理想的モデルとしての「性」関係が創出されるのです。この基台の上でこそ、神様の永生はもちろん、人間の永生も可能になるということをはっきりと知ってくださるよう願います。（「神様の絶対平和理想モデルである絶対性家

庭と世界王国」、二〇〇六・一一・二一）

　真の父母の使命を完遂すべきレバレンド・ムーンの生涯もまた、言い表せない苦難と迫害で綴《つづ》られた恨《ハン》の生涯でした。第一アダムと第二アダムが失敗したすべてを蕩減《とうげん》復帰し、完成しなければならない第三アダムである真の父母の使命は、救世主、メシヤ、再臨主の使命はもちろん、すべての宗主たちの使命までも総体的に完遂しなければならない人生なのです。

　神様の宇宙創造がそうであったように、一寸の誤差も許容できない人類再創造の大役事でした。誰とも相談すらできない孤独な路程でした。神様までも顧みられず、徹底して独りで訪ねていかなければならない茨の荒野路程でした。幾度も反復される生死の岐路で血を吐きながらも、天との約束を成し遂げるため、再び立ち上がらなければならなかった不死鳥の、モデルとしての「性」を立てるための人生でした。

（「神様の絶対平和理想モデルである絶対性家庭と世界王国」、二〇〇六・一一・二一）

あらゆるものの終着点は真《まこと》の家庭の完成です。真の家庭の中には、真の国があり、真の世界がなければなりません。その真の世界と真の国に影響を及ぼすことができる真の愛の伝統として、絶対「性」という言葉が出てきます。絶対「性」とは、絶対、唯一、不変、永遠の「性」をいいます。(二八一―二八二、一九九七・三・九)

堕落とは何ですか。神様の最も貴いものを盗んだのです。悪魔の行為です。最も貴いものとは何かというと、愛と生命と血統ですが、これを汚《けが》したというのです。ですから、歴史時代において神様が最も嫌うものは淫乱です。ローマが滅びたのはどうしてですか。外敵の侵略によって滅びたのではありません。淫乱のためでした。悪魔が淫乱で悪をばらまいたので、人類が世界的に淫乱の風に巻き込まれていくときは、鉄槌《てっつい》が加えられるのです。

教団がそのようになるときは、教団が滅びていき、国がそのようになるときは国が滅びていき、歴史がそのように誤れば、その歴史の方向がみな壊れていくのです。

誰がそのようにしますか。そのようにしたのは人間ではありません。国ではありません。神様が嫌うので、そのようになったのです。（「根本思想」、一九九〇・一・一二）

生殖器を中心として誤ったので、これを取り戻そうとすれば、その反対に正しく使わなければなりません。そのように誤った愛がエデンの園でなされ、「終わりの日」にその結果として現れる現象が青少年問題です。それで性の混乱時代が来るのです。それを清算するためには、絶対純潔でなければなりません。この絶対「性」の概念だけが、家庭崩壊を防止し、青少年の淪落《りんらく》を防ぐことができるのです。（二八五—二一二、一九九七・五・一九）

結婚する前は純潔です。結婚したあとも純潔を守るのです。それと同時に純血です。血統が清くなければなりません。皆さんが生きている間に、三代圏、四代圏まで一緒に暮らしますが、祖父母、父母、自分たちを中心として自分たちの息子、娘

まで、四代まで分別して純潔を守らなければならない責任があるのです。(二〇〇四・一・二)

結婚とは、それぞれが半分である男性と女性が、生殖器を一つにすることによって、互いに完成することです。男性は、女性の愛を中心として完成するのです。男性は女性を完成させ、女性は男性を完成させます。真《まこと》の愛を中心として、完成させるのです。そうして、真の生命の結託が起きます。真の愛によって、一つになるのです。愛が中心となって生命が活性化し、二人が一つになる場が、そこです。男性の血と女性の血が一つの器の中で合わさるというのです。そこから息子、娘が生まれます。

その場は、息子、娘より貴いことを知らなければなりません。夫よりも、神様よりも貴いのです。子女より貴く、夫より貴く、父母より貴い場です。そのように貴いので、宝の中の宝として、世の中の誰にも見えないように一生の間、錠を掛けておくのです。そうして、男性の鍵は女性（妻）がもち、女性の鍵は男性（夫）がもつのです。（二八〇―二〇〇、一九九七・一・二）

統一教会でいう理想的な夫婦とは、最高の芸術を実体として展開させる夫婦であり、最高の文学を展開させる夫婦です。最高の理想、世界最高の文化世界に接する前に、最高の愛で夫婦が授け受けする甘い愛が、世界最高の芸術作品にならなければなりません。夫婦生活自体が最高の文学作品であり、それ自体が文学の実体にならなければならないのです。（二二―二七〇、一九六九・五・四）

女性は男性の補助者でも保護の対象でもなく、神様のもう一つの性を代表した立場で、男性を全きものにしてくれる、独立した人格者です。真の愛の理想を中心として、女性は男性の貴い愛の相対者です。価値的に見て、男女は絶対に平等な存在なのです。

本然の真《まこと》の愛で一つになった男女は、互いに同じ地位となった同位権をもつようになります。また、どこでもいつも共にいる同参権をもちます。さらには、互いのものを第二の自分のものとして共有する、理想的な相続権を得るようになります。

このように神様の真の愛の理想のもとに一つとなった男性と女性は、同位、同参権だけではなく、互いのものを自らのものとして共有することによって、真の愛を中心として価値的に完全に平等な存在になるように創造されました。

そのため、男性と女性は、互いに相手の特性や気質、役割をまねたり、それを貪り、奪う必要のある対立関係や敵対関係ではありません。真の愛によって、自らのものを相手に与え、相手をさらに完成させてあげながら、より大きく一つになることによって、互いを共有する関係なのです。(「アベル女性UN創設大会」、二〇一二・七・一六)

血統を維持しなければなりません。貞潔な血統、純潔な血統を維持しなければならないというのです。神様が堕落したアダムとエバを追放したのと同じように、血統が汚《けが》されれば、完全に自分を除去してしまい、堕落した人と同じように、再び人類の後ろに回って戻ってこなければなりません。今後、このような純潔を守りながら生きてきた人だけが責任者になれます。この人たちが主流の伝統思想を受け継ぎ、相続していくべきです。祝福を受けた家庭が再堕落するのは、赦《ゆる》すことができません。（二六八―一一一、一九九五・三・三一）

㈢ 理想家庭の実現

天国は、どこから始まるのでしょうか。私たちの家庭から始まります。私たちは、家庭主義です。私たちが標榜《ひょうぼう》する天宙主義は、「天」という字に家を意味する「宙」の字、すなわち「天の家」主義だというのです。このようになってこそ、天宙の意味が明確になります。

万民が願うのは、理想的な家庭です。男性として生まれて最も願うのは、理想的な妻を迎えることです。女性として生まれて最も願うのは、理想的な夫に出会うことです。女性がいくら博士になって、世界に向かって大きなことを言ったとしても、その願いは、理想的な男性に出会うことです。愛することのできる理想的な男性に出会って、福の多い息子、娘を生むことなのです。これが幸福の根です。統一教会の理想は、他の所にあるのではありません。出発も家庭であり、結論も家庭なのです。（二六―一〇三、一九六九・一〇・一八）

私たちは、心情を離れては生きることができません。自分が大統領だとしても、あるいは世界的なあらゆる権威を備えているとしても、心情的な喜びを表示する所がなければ生きることができません。自分が率いる人々や閣僚たち、あるいは追従する人々からは、心情的な満足を感じることができません。

それは家庭で感じなければなりません。家庭に帰ってきて、夫婦が互いを通して喜びを感じ、また子女を通して喜びを感じることができなければなりません。そうして、その喜びを他の人々に誇ることができなければなりません。神様も同じです。この世界をすべて復帰したとしても、家庭がない神様は喜ぶことができません。結局、家庭がなければならないというのです。（二五―八六、一九六九・九・三〇）

「私」個人が犠牲になって、家庭を求めなければなりません。犠牲になって探して立てたその家庭の人たちは、「ああ、お父さん、お疲れ様です！」、「あなた、お疲れ様です！」と言うのです。夫に対すれば、「ああ、あなた！　本当にありがとうございます」と言いながら、心の底から感謝の涙を流すのです。人間の真《まこと》の姿が現れます。

個人は家庭のために犠牲になるのです。その家庭に夫もいて、子女もいます。このような思想で一元化された家庭は、幸せな家庭です。母親も、夫と子女のために存在し、子女は、父母と兄弟のために存在するのです。そのように、お互いにために生きようとする家庭は空《から》になるので、神様が下りてきます。ですから、神様に侍ることのできる家庭が、永遠不滅の理想的家庭にならざるを得ないのです。(六一―二二九、一九七二・八・三一)

愛が自分から訪れる道理はありません。愛というものは、相手から訪れるのです。相手がいなくなるときは、愛が訪れることができません。神様も私たち人間を中心として見れば、相対的です。男性には女性も相対的であり、また父母には子女も相対的です。愛というものは相手がいなければ成り立たないのです。それを統一教会では、三対象の愛といいます。

三対象の愛を体恤《たいじゅつ》できない人は、神様の愛を体験したという位置に立つことはできません。「神様がアダムとエバを造っておいて喜ばれたように、私も息子、娘を生んでそのように喜ぼう!」というのが「統一原理」の教えです。

アダムとエバを造っておかれて、「これから世界を主管するだろう。私たちの家が世界の中心家庭になるだろう。早く大きくなれ、早く大きくなれ！」と言いながら、神様は、希望をもって保護、育成する中で喜びと満足を感じつつ、彼らが育って結婚することを望みました。それと同じように、父母は息子、娘をよく育て、立派な相対を選んで、良い夫婦の縁を結んであげなければならないと考えるのです。良い夫婦の縁を結んであげれば、その家は栄えるのです。（五七―一二〇、一九七二・五・二九）

家庭を見るとき、家屋が良く、その周囲の環境が良いからといって、良いわけではありません。反対に、いくら環境が悪くて家がみすぼらしくても、それを安息所として、そこに自分の事情と生涯と生活のあらゆる基準を結びつけようとする家庭が、良い家庭なのです。そこには、親子の間に、互いのために思いやる心情がありますこれが追憶の本郷であり、あらゆる生活の動機になるので、私たちの生活において幸福を左右する基礎になるのです。それはなぜでしょうか。親子の間には、誰も侵すことのできないたった一つの愛の関係と、たった一度しかない血統的な愛の関係があるからです。（二九―一六、一九七〇・二・一五）

家庭における日常生活は、正分合作用を具現します。すなわち、朝、お互いの仕事のために別れるときも喜びで別れ、夕方再び会うときも喜びで会わなければなりません。また、家庭に帰ってきては、その日にあったことを妻と子女たちに話し、相談して、誤ったことは直すようにしなければなりません。家庭全体を愛で結びつけて、笑顔で結びつけなければならないのです。

子女たちが、「うちのお父さんは素晴らしい！　うちのお母さんは素晴らしい！　お父さんとお母さんが互いに愛し合うのを見ると、本当に素晴らしい！」と言って、誇ることのできる家庭が、子女たちの安息の住まいです。ほかにはどこにも行きたくないと思うほど、永遠の喜びの根拠地となり、自慢の根拠地となる夫婦にならなければなりません。（三〇―二八三、一九七〇・四・四）

問題は自分自身にあるのであって、社会にあるのではありません。自分の家に問題があるとすれば、お兄さん、お姉さん、お父さんが悪いからではなく、「私」が悪いからです。自らを正しく立ててから、人を批判する第二、第三の基準を立てなさいというのです。自分自身が一つになっていてこそ、堂々と一つになった世界で暮らせるのであって、自分が一つになれていないのに、全体が一つになったところにどのようにして加わりますか。自動的に後退するようになるのです。

心を踏みにじり、心を無視し、心を疲れさせて、気をもませる体が主人になってはいけません。体を主管して、心のようにために生きられるようにする私になったとき、幸福が訪れます。ここに神様が臨在するのです。それで、「家和万事成《いえわしてばんじなる》」と言ったのです。（二〇一―一五四、一九九〇・三・三〇）

第四章　実体的天一国の完成に向けた歩み

第一節　真《まこと》のお父様の聖和《ソンファ》以降

㈠ 霊界と地上で歩まれる真の父母様

今日私たちは、実に重要な神様の摂理的経綸《けいりん》の中において、空前絶後の歴史的で革命的な大転換期を迎えています。人類の善なる血統の根として来られた再臨主、メシヤ、救世主、そして真の父母様であられる私の夫、文鮮明《ムンソンミョン》総裁が霊界に旅立たれました。したがって私たちは、真の父母様の勝利圏を相続し、「唯一なる神様のもとの一つの家族」の平和理想王国を創建すべき摂理的出発点に立つようになりました。

真のお父様の聖和は、全生涯を共に歩んできた私や、私たち全員にとって、量り知れない苦痛と悲しみです。人類の永遠の愛の本体であられ、真の父母であられる神様の心情も、到底量り知ることはできません。しかし他の側面から見れば、太初の天地創造から神様が立てた天法に従って、この地上で人類歴史始まって以来、誰一人として成就できなかった摂理的課題を完成、完結、完了され、霊肉界を主管されるために、今や霊界へと生を移されて、新しい次元の摂理を開くようにされる、希望の時でもあります。人間が知るどのような言葉や文章をもってしても表現できない万感迫る中で、今日の摂理的転換期を迎えているのです。（真のお母様、「中断のない前進」、二〇一二・九・一七）

　第一に、私たちは真の父母様が立ててくださった伝統を、絶対生命視しなければならず、子孫万代まで相続し、伝承させなければなりません。真の父母様は愛と心情の伝統、み言《ことば》と規定・規則と儀礼の伝統、心情文化の伝統を立ててくださいました。特に真の父母様の蕩減《とうげん》復帰摂理路程の結晶体であるみ言を訓読する訓読会の伝統は、各家庭ではもちろん、教会や天を中心とする集会で、最も中心的内容となるようにしなければなりません。それとともに、私たちはこの地上で新しい秩序を立ていかなければなりません。ですから、組織の秩序と伝統も、真《まこと》の父母様を中心とする真の家庭とアベルを中心とする中で、一糸乱れず統一体を築いていかなければならないことを肝に銘じてくださるようお願いします。

第二に、天が祝福された祝福家庭の理想を完成しなければなりません。家庭は真の愛、真の生命、真の血統の揺りかごであり、神様の創造目的を実現する基盤です。「家庭盟誓《カヂョンメンセ》」の八大項目を中心とする中で、善なる血統の伝統を絶対信仰によって守らなければなりません。私たちの平和のビジョンは「純潔な愛、幸福な家庭、平和な世界」です。夫婦が絶対愛で天に侍って一体となる伝統の中で、子女を愛とみ言《ことば》によって養育しなければなりません。家庭において訓読会を通して天一国《てんいちこく》の秩序がしっかりと定着するようにしなければならず、正午定着の基準で縦的、横的に心情的伝統が定着していく祝福の理想を完成しなければなりません。

第三に、皆様全員は氏族的メシヤの祝福を受けたので、この地上に天一国が完成されるときまで、その使命と責任を果たさなければなりません。氏族的メシヤは真の父母が下さる祝福の中で最も大きな祝福です。蕩滅《とうげん》復帰摂理の勝利的基台でなければ、堕落人間を氏族のメシヤとして立てることはできないためです。ですから、真の父母様の全生涯の摂理的経綸《けいりん》の中には、いつも氏族的メシヤの使命が強調されてきたのです。この地上における天一国の天宙的完成は、氏族的メシヤたちがその使命を果たして、各氏族にみ言と祝福とために生きる生活を相続させ、善の主権を立てて、平和な世界、人類大家族の実現を通してこそ可能になるのです。各氏族においてて勝利的基盤が形成されるようになれば、その基台の上にアベル国連が自動的に安着し、善主権は完成するようになるのです。

第四に、私たち全員は真の父母様と真の家庭を中心として、和合と統一の心情文化共同体を築いていかなければなりません。皆様全員は、例外なく天の選択と先祖の功績、そして自らの後天的天稟《てんぴん》によってみ旨の道と関係を結び、数多くの迫害を顧みず真の父母様のあとに従い、今日の勝利圏を迎えるようになりました。ですから、私たち全員は、一つの父母を中心とする一家族心情共同体です。世の中はいまだに分裂と葛藤に満ちていますが、私たち統一家は、人種、国境、およびいかなる障壁も軽く越えて、一つの兄弟姉妹になることができます。ために与えて生きる人生の見本を見せれば、確実に達成できる夢です。特に、このような摂理の大転換期には、私たち全員が真《まこと》の父母様と一つにならなければならないことを、肝に銘じてください。(真のお母様、「中断のない前進」、二〇一二・九・一七)

お父様は、聖和《ソンファ》されてから四十日の期間に、霊界をあまねく渉猟《しょうりょう》されました。特に、摂理史に現れた人物たちにも会われ、また、神様が天地を創造されるときの状況も、御自分で体恤《たいじゅつ》されました。私(お母様)は四十日間、天正宮博物館《チョンジョングングン》を往来されるお父様と同じ心情で、対話をしながら過ごしました。お父様の思いであると同時に私の思いであり、私の思いであると同時にお父様の思いでした。

真のお父様と私は、一心、一体、一念、一和で、神様の最後の摂理歴史を締めくくるでしょう。特に、私が「韓国教会を神霊と真理によって新たにします」と言ったことに対して、お父様は一二〇パーセント、賛同されました。きょうは、新しい摂理の出発点となります。お父様が霊界で新しい出発をされるこの時なので、私たちも地上でお父様と歩調を合わせ、天のみ前に栄光をお捧げし、天一国《てんいちこく》定着のために全力投球、死生決断をしなければなりません。（真のお母様、二〇一二・一〇・二五）

私（お母様）は、お父様と約束しました。「どんなにみ旨が大変でも、自分の代で終わらせます」と言いました。そして、お父様に「神様の創造目的を、創造理想世界を成し遂げてさしあげます」と言いました。「私が必ず成し遂げてさしあげます」と言ったのです。そのために、私は変わらないでしょう。

お父様が逝かれる前、お父様は私に「本当にありがとう」とおっしゃいました。「本当にすまない、本当にありがとう」とおっしゃいました。私は、皆さんと一緒に、お父様が残されたみ旨を成し遂げてさしあげたいのです。落伍者《らくごしゃ》となる息子、娘がいないことを願います。それが、私の願いでもあります。お父様も願われることです。

お父様を送ってさしあげながら、私の心が痛んだのは、このように苦労して逝かれるべき方ではないからです。救世主、再臨主、真《まこと》の父母として来られた方が、監獄から出発されてはいけません。天はすべて準備したのに、人間の目が見えず、耳が遠く、その準備した環境を失ってしまったために、地獄の底から始められたというのです。今まで、お父様以上に大きな業績を残した人はいません。一つの心情文化世界、統一された一つの世界、それが私たちの夢です。それを必ず成し遂げなければなりません。（真のお母様、二〇一二・九・五）

私たちが死を覚悟せずに、いつこのみ旨を成し遂げてさしあげるのでしょうか。これまで、多くの人たちは、待遇を受けることばかり願いました。お父様にお返ししたものがあまりにもありません。皆さんも麻の服を着て、贖罪《しょくざい》の祈りを捧げなければならないでしょう。

きょう、お父様にもう一度誓ってください。お父様も、霊界で新しい出発をされることの時、私たちも地上で相対にならなければなりません。「地で解けば、天でも解かれ、天で解けば、地でも解かれる」とあります。今は、お父様から受けた愛に対して報いることのできる期間です。（真のお母様、二〇一二・一〇・二五）

㈡天一国《てんいちこく》経典の編纂《へんさん》

お父様のみ言《ことば》を早急に整理、整頓しなければなりません。多くのみ言がありますが、それが整理できていないままになっています。あらゆる書籍がそうです。二千年のキリスト教の歴史を見ても、聖書一冊でこのように全世界にイエス様のみ旨を広げてきたわけですが、お父様のみ言が整理、整頓されなければ、未来に混沌《こんとん》が訪れるでしょう。

後代の人が見ても批判できない原理原則によって、根も一つであり、幹も一つであり、実も一つである永遠のみ言として残さなければなりません。すべての人々がその日その日を生きていくうえで、み言《ことば》が生活基準になり、標柱になり、生活指針にならなければならないのに、いまだに整理、整頓されていません。ですから、とてももどかしかったのです。

例えば、原石があるとしましょう。いくら貴い原石でも、磨いて光が出るようにしなければなりません。お父様のみ言は、一言で言って、原石は原石ですが、精製されていない原石と同じなのです。私（お母様）までそのままにしておけば、誰がこれを磨きますか。皆さんはもちろん、誰にもこのことはできません。私がしようとしていることは、天を栄えさせようとして行っていることであり、み言が永久に保存されることを願って行うのです。後代にいくら有能な人が現れたとしても、このみ言には手を付けられないようにするためです。それは、私にしかできません。

（真《まこと》のお母様、二〇一三・一・七）

私たちは、真の父母様に感謝しなければなりません。私たちは、み言を通じて蕩《とう》滅《げん》の原則を知ったのであり、その蕩滅を通じた復帰の原則を通過しなければ前に進めないことを知りました。ですから、皆さんも父母様と同じ心情圏に立たなければならず、さらには同じ心情圏で生きなければなりません。

真の父母様の立場から見れば、真の家庭の子女たちも、この点では皆さんと全く同じです。今後、私（お母様）が生きている限り、私は、皆さんと真の家庭が真の父母様と同じ心情圏に正しく近づけるように天の伝統を立てていくでしょう。その伝統を立てるために天一国《てんいちこく》経典を編纂《へんさん》するのです。（真のお母様、二〇一三・四・二〇）

皆さんが生きている時に、一人でも（多くの人に）真の父母様を教えてあげなければなりません。私たちが生きている理由は、天地人真の父母様を教えてあげるためです。それを忘れてはいけません。それがなければ皆さんの生命もないのです。それを思うと、私（お母様）は一日が千年のようです。お父様の歴史的な全生涯を中心として、後代のために残すべきことが重要です。

私は、お父様のみ言《ことば》を天一国経典《てんいちこく》として整理して、皆さんが毎日持ち歩くようにしたいと思っています。キリスト教徒たちが聖書を毎日持ち歩くように、私は、お父様のみ言である（天一国経典）『天聖経』・『真《まこと》の父母経』・『平和経』を、皆さんの懐から離すことのできない本にしたいと思いました。この本を通して多くの生命を救うことができるので、これは道具です。どれほど貴い道具か分かりません。人類を生かすみ言が出てきたので、これを、生命を生かす道具として活用しなければなりません。（真のお母様、二〇一三・四・一五）

(三) ビジョン二〇二〇

今や、新しい時代が開かれました。皆さんは福の多い人々です。全人類の中で、私たちだけがこの歴史的空前絶後の「基元節」を迎えたというのは、夢のようです。福を多く受けた人たちは、福を分け与える生活をしなければなりません。そこには責任が伴うからです。これまで、祝福家庭は、天の父母様や天地人真の父母様に、あまりにも多くの負債を負いました。皆さんは、代価なくこの祝福を受けたのです。堕落した人間がどうして天の父母様に侍ることができるでしょうか。今まで来ては去った天上の私たちのあらゆる先祖たちは、この日を待ち望みながら逝ったのです。そこには、私たちよりもさらに、摂理のみ旨のために本当に血のにじむ努力と精誠を捧げた方々がたくさんいます。それに比べれば、私たちはあまりにも足りないのです。（真のお母様、二〇一三・二・二四）

真の父母様は、すべての蕩減《とうげん》復帰摂理歴史を完成、完結、完了され、新時代を開いてくださいました。天一国の時代を開いてくださいました。今や皆さんは、み旨を知らない多くの皆さんの隣人と、さらには多くの国の人々を教育して、天の父母様と真の父母様のみ旨と一つになれるように導かなければなりません。その道だけが、天のみ前に負った負債を返す道であり、世界の前に使命を果たす道になるので

す。（真《まこと》のお母様、二〇一三・一〇・二二）

二〇二〇年まで私たちが携えていくべき標語は、「創造主《しゅ》、天の父母様に似た、真の愛を実践する天一国《てんいちこく》の真の主人になろう」です。私たちは、日々生活する中で、天の父母様を忘れてはいけません。私たちが地上生活をする間、創造主であられる天の父母様が造られたこの地上界が、きちんと保存されなければなりません。ですから、私たちの使命は、伝道をして人々を教育することです。堕落した人間を復帰しなければならないということです。私たちがすべきことは伝道です。

その次に、天の父母様が全力を尽くして創造されたこの美しい自然を、きちんと保全しなければなりません。人間の無知によって、今、世界の至る所で、どれほど多くの被害を受けているかを考えてみてください。今日の私たちがあまり被害を受けていないからといって、立ち止まっていてはいけません。この人間の無知を悟らせて、環境をきちんと保全しなければなりません。死にゆく地と海を生かさなければばなりません。それを私たちがしなければならないのです。ですから、天の父母様のように真の主人意識をもって、みな一つになり、互いに協助しながら、このことを必ず成し遂げなければなりません。（真のお母様、二〇一四・一・一）

すべてのことにおいて責任意識がない人は、流れていってしまいます。真の主人、これは私たちが二〇二〇年まで、この国の復帰と世界の復帰のために、一日も、一時間も、一分一秒も忘れてはいけないことです。考え、また考えて、天の知恵を借り、人間としてできるあらゆる方法と能力を動員して、変えておかなければなりません。私たちが変えておかなければ、私たちの未来はありません。

私たちは、統一の一家族です。どこにいても、心を一つにし、志を一つにして、この目的を達成しなければなりません。そうして、創造主、天の父母様が私たちを信じ、喜ばれる実績を、毎月、毎年、より大きく、高くお返しする真の孝子、真の孝女、真の忠臣になろうというのです。ただ行ったり来たりする人になってはならず、すべてのことに責任をもった立場で、主人意識をもち、責任ある行動をしなければなりません。（真《まこと》のお母様、二〇一四・一・一）

天の父母様が願われた故郷を取り戻してさしあげなければなりません。天の父母様の故郷はどこでしょうか。真の父母様の故郷です。日本と韓国が一つになって、祖国統一、南北統一へと向かう道に協助できなければなりません。必ずそのようにしなければなりません。そうなれば、全人類の前で中心の位置に立つようになります。自然に整理されるのです。

現在、人類にとって問題になっている宗教問題、政治問題、思想問題、国境問題などが解決するのです。皆さんが先頭に立ち、日本の全国民と為政者たちがアジアから尊敬され、一つになる道に行くようにしなければなりません。小さなことに執着してはいけません。この時代には、すべての歴史の真実が明らかになるのです。

（真のお母様、二〇一三・一〇・二二）

皆さんは、天一国《てんいちこく》の民として、全世界の人類を救わなければなりません。そのためには、皆さんの後継者を育てなければなりません。私（お母様）は皆さんに、名門の家を育てることを強調しました。名門の家は、自分よりも優れた後継者を育てなければならないのです。特に、家庭では父母よりもさらに立派な息子、娘を育てなければなりません。皆さんよりも立派で、さらに信頼することができ、より忠義を尽くす孝子、孝女をたくさん育てなければならないというのです。それでこそ、私たちの未来には希望があるのです。（真のお母様、二〇一四・七・二七）

第二節　神氏族メシヤの使命完遂

(一) 真の父母様の最高の願い、神氏族メシヤ

先生は霊界に行くようになります。そうなれば、この人類はどうするのですか。

先生の使命を誰が受け継ぐのですか。子女である皆さんが受け継ぐようになっています。それは、天運が永遠に保護する位置です。いくら世の中の人たちが皆さんのことを、「レバレンド・ムーンの子女ではない」と否定しても、この関係を断ち切ることはできません。それで氏族的メシヤを分けてあげるのです。氏族的メシヤは、真《まこと》の父母の子女の位置に立ったことを意味します。完成した真の父母の子女の位置です。それを贈り物として相続させてあげるのが氏族的メシヤだというのです。(二四四―三二七、一九九三・三・一)

氏族的メシヤの使命は、誰が伝授してあげたのですか。再臨主であり真の父母です。「真の父母」という名は、永遠に一つしかないのです。霊界にも、地上にも、過去、現在、未来においても、たった一組だけです。そのような中心者が氏族的メシヤを任命したのです。(二五二―一四八、一九九三・一二・二九)

神様が創世以降、多くの犠牲を払い、先生が一生を通して勝利の礼物として皆さんの家庭に残してあげた、最も貴い宝が氏族的メシヤです。神様が下さったこの氏族的メシヤ圏を、この上なく価値あるものとしなければならないのであって、軽んじてはいけません。（二四四―三一九、一九九三・三・一）

祝福結婚とは、堕落した人類が真の父母様によって新しい生命を受けるようになることを意味します。堕落世界が、汚染され、混濁した所であるとすれば、祝福家庭は澄んだ水、生命水と同じです。しかし、澄んだ水も、よどんでいれば腐ります。大海に向かって流れていかなければなりません。生命水が流れていく所では、死にゆく生命体がよみがえるのです。澄んだ水、生命水によって、混濁した世の中を清くしなければならない責任が、氏族メシヤにあります。今、氏族メシヤ運動が巨大な波となり、タイとフィリピンを越え、アジア諸国を経て、ヨーロッパ大陸、南北米大陸、アフリカ大陸、オセアニア、中東を経て大海に押し寄せています。この波が通過する所には、無数の生命体が新たに誕生するでしょう。

今、世の中には、私たちが期待できるものが何もありません。私たちが世の中に、真《まこと》の父母を知らせてあげる道しかないのです。「私」の家庭と氏族、国、そして、世界が、摂理のみ旨の前において真の父母様と一つになり、巨大な波をつくって、五大洋六大州を駆け巡るとき、天の父母様が願い、人類が願った、「神様のもとの一つの世界」、すなわち地上天国が実現されるでしょう。その日のために、世界の祝福家庭は、天の父母様はもちろん、真の父母様と一心、一体、一念、一和になり、絶対信仰、絶対愛、絶対服従の心情で、世の中に堂々と真の父母様の顕現を知らせ、世界人類が天一国《てんいちこく》の民になるように導く美しい孝子、孝女、忠臣にならなければなりません。(真のお母様、二〇一四・一〇・二六)

歴史上、空前絶後のこの時を迎えて、皆さんにとって最も祝福された幸福な時であることは間違いありません。しかし、皆さんが責任を果たせなければ、最も悲惨な時になります。なぜでしょうか。皆さんによって伝道されずに亡くなった七十億の人類が、「あなたたちだけが祝福を受けて喜び、なぜ私たちには教えてくれなかったのか」と言って讒訴《ざんそ》するからです。

地の果てにいる人類が食口《シック》になってこのみ旨を知ったとき、どれほど待ち望んだか分からない再臨主、メシヤ、救世主が来られたのに、同じ時代に呼吸して生きていたにもかかわらず、一度もお父様のお顔を地上で拝見できなかったことに対して恨《ハン》をもつようになるのではないですか。そのように、真の家庭や祝福家庭には大きな責任と蕩減《とうげん》があることを知らなければなりません。

ですから、伝道しなければなりません。神氏族的メシヤの使命を果たさなければなりません。皆さんの残りの人生で、これをしなければならないのです。これができなければ、霊界に行って真のお父様にお会いするときに面目がありません。あなたたちだけでなく、あなたたちの後代、あなたたちの子孫たちのためにも、必ずやしなければならないことです。（真のお母様、二〇一三・二・一〇）

㈡ 神氏族メシヤの使命と責任

氏族的メシヤの使命は、第一に、先祖を復帰し、父母を復帰することです。第二に、故郷を復帰することです。第三に、神様と共に暮らすことです。皆さんが家庭的メシヤを立てることによって、父母が自分を生んでくれた地が自分の故郷になります。今の故郷は、天国に連結できません。先祖を復帰すると同時に、皆さんの故郷が、真《まこと》の父母様と神様を中心として堕落していなかったエデンの家庭と、同じ立場になるのです。ですから、故郷復帰が可能です。

先生が生まれた平安北道《ピョンアンプクト》の定州《チョンヂュ》は先生の故郷であり、皆さんの故郷ではありません。先祖復帰とともに故郷復帰を成し、神様を迎えるのです。アダムが行く所はどこでも、神様が付いていくのです。ですから、氏族的メシヤが家庭的メシヤを立てることによって、自分の父母が堕落していない完成アダム圏に立ち、完成した父母の立場に立つので、自分の生まれた故郷が天国と連結して天国の故郷になり、堕落していない基準になり、神様と一緒に暮らす時代になるのです。これが氏族的メシヤの三大使命です。(二四六―二一六、一九九三・四・一六)

氏族的メシヤの使命は、親戚、先祖、父母たちを復帰することです。彼らは、統一教会だとして自分たちの子女を追い出しました。最も憎んだ父母だったというのです。私たちが、そのような父母を再び探して立てて故郷を復帰すれば、神様がそこでとどまることができるのです。そうすれば、血統を転換するのです。したがって、祝福を受けた家庭の使命は、新しい血統を植えてあげることです。堕落によってサタンの血統になってしまったので、全人類の願いは、真の父母を中心として自分たちの血統を転換することです。(二四四―二一一、一九九三・二・七)

氏族的メシヤは父母です。これをしなければ日本の霊界が動員されません。氏族的メシヤをはっきりと理解し、決意して宣布しなければなりません。宣布して先祖をすべて動員するのです。そのようにすれば協助してくれます。統一教会は、地上にいる人だけが活動する所ではありません。（二二七―一六四、一九九二・二・一二）

「故郷に行きなさい」と言われれば、どれほどうれしいことでしょうか。み旨を知ったのなら、すぐに行かなければならないのではないですか。神様に侍ることのできる基盤を築こうというのに、それを嫌うのですか。神様に侍ることのできる基盤を築けば、神様が自分の故郷に訪ねてこられるのです。そのようになれば、霊界の地獄にいる先祖たちまで、その子孫と直接的な縁をもつようになり、その人たちまでも連れてこなければならない立場に立つのです。三時代が統合される起源が生じるのですから、原理を知り、そのようなことを理解する人たちであれば、何を躊躇《ちゅうちょ》することがあるでしょうか。

私が故郷に行ける環境にいれば、すぐにでも行っているというのです。自分の目から血の涙を流し、生死の境を越えて犠牲になりながらも、子女のために福を祈る、そのような父母を訪ねて侍り、孝行できなかった恨《ハン》を抱《いだ》く流れ者の身の上から抜け出したいと思いませんか。反対していた父母に愛で侍ることができるようになるとき、その村の人々が、「あの某《なにがし》は、父母があれほど統一教会に反対していたのに、帰ってきて誰よりも孝行し、先祖の墓参りをして、家を手入れし、村をきれいにしている！　やはり統一教会の人は違う！」と言うようになります。ですから、伝道は問題ないというのです。(二二〇―一四、一九九一・一〇・一三)

サタン世界の家庭は、カイン家庭ですが、すべて滅びるようになっているので、祝福を受けた皆さんの家庭には、アベル家庭としてカイン家庭を救ってあげるべき責任があるのです。過去においては、自分の親戚と父母を伝道できませんでした。出家して他の人を伝道したのですが、統一教会が出てくることによって、出家せずに家で自分の一族を伝道できるようになったのです。先生も、父母と兄弟を伝道することができませんでした。キリスト教が反対しても、一人でやりました。家もなく、すべて失ってしまったのです。父母に、兄弟に、先生の知っているこの偉大で驚くべき「原理」のみ言《ことば》を、一言も語ってあげられませんでした。自分の一族には、「原理」のみ言を語ってあげられなかったというのです。(二六八―一九六、一九九五・四・二)

真《まこと》の父母が愛の十字架を背負っていったすべてのことを中心として、皆さんは一族における難しい人に、自分よりもさらに愛し得る愛を植えるのです。それにより、歴史時代において父母が越えてくる道に残してきた垣根をすべて崩して越え、天の前に直行できる位置を探し求めていくのです。そうするために、真の愛を中心として、氏族的垣根を崩さなければならないのが、氏族的メシヤの使命です。

ですから、夜も昼も、自分のことばかりを考えてはいけません。おじいさん、おばあさんをすべて見て回ってから、最後に寝なければなりません。血の汗を流して働き、自分の子女や自分の家ではなく、自分の一族を養わなければならないのです。

このような生活をしなければ、心情的紐帯《ちゅうたい》関係を、家庭から氏族、民族、国家、世界へと連結できません。外的な国家、世界は、先生が蕩減《とうげん》復帰の基準を立てて連結し得る基盤を築きましたが、皆さんの氏族的基盤を私が築いてあげることはできないのです。これは、氏族的メシヤの責任です。ですから、今からは先生に願ってはいけません。今までは先生がすべて責任をもちましたが、これからは、皆さんの一族は皆さんが責任をもたなければなりません。（一八七―一七八、一九八九・二・五）

氏族的メシヤが父母様のみ旨に従い、神様のみ旨に従って自分の氏族をすべて収拾すれば、国が収拾されるのです。十二の支派、十二の氏族、十二の氏族的メシヤさえ一つになれば、国は復帰されるというのです。時間の問題です。ですから、氏族的メシヤは、長子権を復帰し、父母としてアダム家庭が失敗したこと、イエス家庭が失敗したこと、その次にサタン世界のすべてを収拾できなければなりません。

先生がそれを、すべて克服して勝利しました。ですから、神様の代わりに、神様を中心として先生が、祝福家庭を氏族的メシヤとして配置したのです。（一九八一―三三七、一九九〇・二・一二）

㈢ 神氏族メシヤが歩むべき公式路程

サタンが讒訴《ざんそ》する内容が残っていない「私」自身になっているかという問題、またそうすることのできる内容を私自身が備えているかという問題を中心として、ここに「蕩滅条件《とうげんじょうけん》」という言葉が出てくるのです。その蕩滅条件を立てようと思えば、まず信仰の三人の息子、娘が絶対的に必要です。なぜなら、アダムとエバが堕落することにより、堕落した八人家族になったので、その八人家族を代表する基準を超えなければ行くことができないからです。

それを備えずに、「民族のために生きる。国家のために生きる。世界のために生きる」と言っても、その言葉は単なる形式にすぎません。このような出発の起点において、この基準は絶対的だというのです。その絶対的基準を解決していくべき運命の道にあるのが祝福の位置だということを、皆さんははっきりと知らなければなりません。（三〇―一八二、一九七〇・三・二二）

信仰の子女をどの程度愛すればよいかというと、この世の父母が自分の子女を愛する以上に愛さなければなりません。そうでなければ、信仰の子女は復帰されないのです。世の中の父母の愛は、サタン的な愛です。それ以上の愛の道でなければ、人は引っ張られてきません。それで、偽りの愛によって引っ張られていった人が、真《まこと》の愛によって戻ってくるようにしなければならないのです。

そのようにすることによって、勝利した愛の基準が三人の信仰の子女によって立てられ、その基盤の上に立って初めて、自分の子女を愛することができます。これは公式です。先生も、そのような生活を続けてきています。その公式を通過しなけ

れば、完成基盤は生じません。（五五―一六〇、一九七二・五・七）

イエス様は、三年間の公的路程において何をしようとしたのでしょうか。イエス様は、相対者を決めて結婚すると同時に、十二弟子の相対者を決め、その基盤の上にイスラエルの中心として立とうとしました。そうして氏族を結合し、民族、国家に発展させていきたいと思っていたのです。

十二人を伝道すれば、皆さんを中心として、イスラエル（ヤコブ）を勝利的に展開させた形態が現れます。家庭を中心として氏族復帰が可能なのです。したがって、十二人の信仰の子女と完全に一つになった家庭になれば、誰もが皆さんを歓待するでしょう。血縁関係もないのに、親密に一つになっている家族圏を見れば、日本のすべての家族、氏族が集まってくるというのです。（三五―二五二、一九七〇・一〇）

皆さんは、この地で生きている間、自分の両親と親戚を伝道しなければなりません。したがって一つの家庭が、少なくとも百二十人は伝道しなければなりません。これが皆さんの一生における使命です。このような目標を中心として、今後、進んでいくのが統一教会の行く道です。

先生自身が三十六家庭、七十二家庭、百二十四家庭など、原理的な数《かず》を満たしていくのも、それが公式だからです。この公式の道を、皆さんも全員が行かなければなりません。この道は、今行くことができなければ、数十から数千万代の子孫を通してでも、再び行かなければならない運命の道です。（三四─二六一、一九七〇・九・一三）

訓読教会を中心として三人が十二家庭を立て、七十二家庭、百二十四家庭、四百三十家庭まで立てるのです。そして、自分の一族、自分の祖父母の親戚、朴《パク》氏なら朴氏、李《イ》氏なら李氏を訪ねて四百三十家庭を満たさなければなりません。こうしてこそ国を解放することができ、国を復帰して世界の国に接ぎ木できるのです。その

ようにして天一国《てんいちこく》を統一しなければならないというのです。(四二五―五七、二〇〇三・一一・八)

私たちの地上生活が「私」自身の肉身だけのための生活になっては、永遠の世界に入り得る完璧な資格を備えることはできません。地上世界での生活は、父母様のみ言《ことば》に従って真《まこと》の愛を実践する生活にならなければならないのですが、そのような生活をする立場の人は、他《た》のために生きなければならないのです。自分だけが祝福を受けて真の父母様を知っている位置にいてはいけないという話です。それで、真のお父様は、「神氏族的メシヤとして四百三十家庭を祝福しなさい」という最後の遺言を通して私たちを祝福してくださいました。これは祝福です。(真のお母様、二〇一四・一一・二〇)

第三節　真の父母様と共に歩む母の国の使命

(一) 希望の四年路程

新しい年を迎えました。「赤い猿（丙申《ひのえさる》）」の年は、特別な年でしょう。私たちが二〇二〇年までの希望の四年を出発する年です。私たちの希望は何でしょうか。救国救世です。真の父母様は、国家的基盤の上に顕現しなければなりませんでした。しかし、人間の無知と中心人物が責任を果たせないことにより、それができませんでした。（真のお母様、二〇一六・一・一五）

「真の父母様の御聖誕日」と言うとき、お父様の誕生日を思い浮かべるだけで、私（お母様）の誕生日も同じであることは知らなかったという人が、いまだに多いように思います。私の誕生日は一九四三年の（陰暦）一月六日です。

私の母の実家は、少しばかり裕福な家だったようです。私が生まれた瞬間、祖父が大母様《テモニム》に向かって、「順愛《スネ》、今何時か見なさい」と言ったといいます。恐らくその産室に時計があったのでしょう。その時代、部屋ごとに時計がある家は、裕福な家でした。ですから、私は確かに、四時半に生まれたのです。しかし実際、このような真実についても、草創期にはたくさんの人から疑われました。真実なのに、「本当なのか」と言われました。まだサタン世界だったからです。

天はこのように、難しい環境の中で、独り娘である私を誕生させるため、周辺の環境を整えてくださったのです。（真《まこと》のお母様、二〇一六・二・一五）

生きた歴史をもっている母に、皆さんは五十年間、しっかり侍ることができませんでした。事実でしょう。深く反省しなければなりません。再臨のメシヤは、独り娘に出会わなければなりません。正しく準備された独り娘に出会わなければならないのです。それは、私（お母様）が話さなくても分かるでしょう。しかし皆さんは、「原理」の後編を知りません。真の父母になるためには、必ず独り娘に出会わなければならないのです。（真のお母様、二〇一六・二・一五）

皆さんは、一つも引け目を感じることはありません。堂々と、真の父母様を世の中に証《あかし》しなければなりません。一九六〇年に国家基盤の上で聖婚を宣布できなかったのは、日本の皆さんの先祖にも責任があるのです。ですから、二〇二〇年は、私たちの今の夢、真の父母様の夢、天の父母様の夢を必ずや成し遂げる年にしなければなりません。

そのためには今から、真の父母様の生きた歴史を、皆さんが世の中に向かって証しなければなりません。今、世界的に起こっていることも、この国が直面していることも、人間の力では収拾できないのです。国連が一つの世界を構想し、努力しましたが、できないでしょう。中心を立て、神様に侍らなければならないのです。人間だけではできません。答えを見つけられないのです。

ですから、すべての中心が真《まこと》の父母でなければなりません。堕落した世界圏は、新しい生命、血統、それから、真の愛を授からなければなりません。(真のお母様、二〇一六・二・一五)

真の父母様の在世時、私(お母様)が生きている間に、「地上天国はこのような姿である」と、示してあげなければなりません。天地鮮鶴苑《チヨンヂソンハクウォン》を通して、世界万民が信仰の祖国、神様の故郷に、水の流れるごとく訪ねてくるようにならなければなりません。そのような場所があるべきでしょう? それを今、私が計画し、成し遂げようと思います。そのような点で、特に日本がエバの使命を果たさなければなりません。蕩減《とうげん》復帰しなければならないでしょう? ですから、大変だと考えてはいけません。皆さんは、私がいるという事実がどれほど重要で、有り難く、感謝なことかを毎日、胸で、皮膚で感じながら、責任を果たすために全力投球しなければなりま

せん。（真のお母様、二〇一六・二・一五）

皆さんが苦労している間、私（お母様）もじっとはしていません。私は天一国《てんいちこく》の完璧で堂々とした実体の姿を、今一つ一つ描《えが》き、つくり上げていっています。ですから、皆さんは幸福な人々です。そのことを忘れないでください。（真のお母様、二〇一六・二・一五）

(二) 清平《チョンピョン》団地を中心とするビジョンと天地鮮鶴苑

清平は本郷苑です。父母様の故郷は定州《チョンヂュ》と安州《アンヂュ》ですが、ここが本郷です。この清平聖地を世界人類が慕い、行きたいと思う所にし、ここで暮らしたいと思う聖地にしようと思います。今後、十年以内に驚くべき姿を備えた清平をつくり上げるつもりです。世界最高の美しい場所にしようと思います。一旦ここに来れば、心情的に

霊肉共に幸福を得ることのできる所になるでしょう。（真《まこと》のお母様、二〇一五・一一・二三）

私（お母様）はお父様が聖和《ソンファ》されたあと、生涯博物館を造ろうという計画を明かしたことがありますが、その名称を「天地鮮鶴苑《チョンジソンハクウォン》」に決めました。この「天地鮮鶴苑」博物館は、超現代的で多目的な文化空間として造り、誰でも入場して、全体を一度見て回り、出るときには入会願書を書くことができるように造らなければなりません。それだけ、ここには感動的なコンテンツを備えなければなりません。一日が二十四時間では足りないと言えるほど、真の父母様の生涯を振り返ることのできる空間にしなければならないのです。

天の父母様の願いは、一つの世界、すなわち、天の父母様を中心とした平和な地上・天上天国を実現することです。真の父母様は蕩減《とうげん》復帰を勝利した基盤の上で、地上・天上天国を実現できる新しい時代を開いてくださいました。今や祝福家庭の皆さんは、一つの生命を誕生させるために母親が十カ月、苦労しなければならないように、人類が神様の懐に帰ってくることができるよう、多大な努力を傾けなければなりません。皆さんは新たに誕生した生命が、この天地鮮鶴苑を経ていけば、自ら成長することができるように、力を合わせなければなりません。（真のお母様、二〇一四・一二・一二）

天地鮮鶴苑の建物に入れば、真の父母様の生涯の業績やみ言《ことば》を現代の技術で表現し、一目で見ることができるようにするのです。ですから、出ていく時の気持ちが「私もここに同参しなければならない」とならなければなりません。自ら心を決めることができる、そのような雰囲気をつくろうと思います。最高に美しく、最高に謹厳で敬虔《けいけん》に天の父母様に侍る、そのような環境をつくりながら、真の父母様が低い位置から献身的に血と汗と涙の路程を経ながら、人類を救うためにどれだけ多くの蕩減と犠牲を払われたのか、ということを一目で分かるように表現しなければな

りません。(真《まこと》のお母様、二〇一四・一一・二〇)

私(お母様)は二〇二〇年までに、永遠の聖地となり得る清平《チョンピョン》を中心として、全世界の人類の前に見せることができ、真の父母の愛を体験、実感できる、天地鮮鶴《チョンヂソンハク》苑《ウォン》を造ります。皆さんがこの時代に、真の父母様と共に歩んだというその実績を、未来の人類の前に見せてあげられる環境を造ろうと思います。

そのように考えれば、毎日の生活が感謝です。幸せです。体はつらくても、天の父母様の願い、人類の願いを成し遂げることのできる環境圏を造り出せるのです。皆さんも、私と一緒に同参しますか。皆さんの苦労と責任(完遂)を通して、その日を早く迎えられるように、重ねてお願いします。(真のお母様、二〇一五・一二・一二)

この清平団地に対して、真のお父様、真の父母様が計画された夢があります。それは、将来訪れる天一国《てんいちこく》の民のためのものです。現在、皆さんは真の父母様と共に歩む生活をしていますが、肉身の限界はあるのです。私（お母様）がいつ逝くかは、天のみが御存じです。しかし、皆さんの願い、私の願いがあるとすれば、そのすべてを私の当代に、成し遂げてさしあげたいのです。「天の父母様、真の父母様を中心とした一つの世界は、このような姿である」と、見せてあげたいのです。み言《ことば》も重要ですが、視覚効果も非常に大きいものがあります。私が天地鮮鶴苑を通して、真の父母様の全生涯の業績と、未来の天一国の民がどのような生活をすれば真の父母様のみ前に近く行けるかを見せてあげるでしょう。（真のお母様、二〇一六・五・六）

真の父母様の理想は、世界最高でなければなりません。二番であれば、天の父母様が残念に思われます。最高です！　ですから、天地鮮鶴苑の本堂は世界に類を見ない、ここでしか目にすることができない聖殿として造るでしょう。

聖和《ソンファ》三周年まで、私（お母様）がすべきことが多くあったので、天地鮮鶴苑（の建設）に対して本格的に拍車を掛けられませんでした。しかし、今や拍車を掛けようと思います。そうして、皆さんの夢となり、世の中に誇れるものを造ろうと思います。協助してくれますか。（真《まこと》のお母様、二〇一六・五・六）

㈢ 真の父母様と一つになろう

お母様を中心として皆さんが一体になっていかなければならない時が来ました。もう先生がいなくても、お母様が代わりにできる特権を許諾したというのです。お父様がいないときは、お母様のことを思わなければなりません。そのように理解して、先生の代わりにお母様に侍る心をもち、祈祷もそのようにするのです。今までは先生を愛してきましたが、これからはお母様を愛さなければなりません。これからはお母様の時代に入っていくことを理解して、特に女性たちはそのようにしなければなりません。ここにおいて、先生が第一教主であれば、お母様は第二教主であ

ると世界的に宣布し、天地に宣布します。（二六五―三一〇、一九九四・一一・二七）

お母様は、第二教主の資格がありますか、ありませんか。大講堂に立って凛々《りり》しく、男性のような度胸をもってお母様以上に講演できる人は手を挙げてみてください。お母様から多くのことを学んだのではないですか。お母様がここまで立派にできるとは夢にも思わなかったでしょう。大いに尊敬しなければなりません。先生はもう七十を超えてくずかごに近づきましたが、お母様は今、そのくずかごを収拾してすべて掃除できる主人になったので、先生よりも、お母様をもっと重要視できる統一教会員になれば福を受けるというのです。（二二〇―二三六、一九九一・一〇・一九）

先生が霊界に行ったとしても、お母様が地上にいれば、霊界と地上界の統一圏ができるので、いつでもお母様がいる地上に来て一緒に暮らすことができるのです。今、統一教会のメンバーの中にそのようなカップルがたくさんいます。一緒に生活していというのです。誰も知らないところで対話しながら、「あなた、これはどうしましょうか」と言えば、すべて教えてくれるのです。「きょうはどこどこでこのようなことが起きるから注意しなさい。このような男性が現れてこのようなことがある」と言えばそのとおりになります。そのようなカップルがたくさんいます。霊界に行ったとしても、地上にいる人と一緒に生活することができるのです。（二五〇—三三九、一九九三・一〇・一五）

家庭王即位式をしたので、神様が、本来の真《まこと》の父母を中心として、婚姻申告をすることができる時を迎えたということです。文総裁《ムン》を中心として、婚姻申告をしました。今まで霊界では、神様が見えませんでした。今、行ってみれば、霊界の父母の立場で、文総裁夫妻の顔が現れて、きらびやかな光として見えるので、顔を見つめることができないほど、まぶしいというのです。そのような霊界に行った時にも、真の父母を否定しますか。このように、はっきりと教えてあげたにもかかわらず、

神様を否定すれば、間違いなく引っ掛かるのです。（二〇〇三・三・一〇）

伝統はただ一つ！　真のお父様を中心として！　他の誰かの、どんな話にも影響されてはいけません。先生が教えたみ言《ことば》と先生の原理のみ言以外には、どんな話にも従ってはならないのです。

今、先生を中心としてお母様を立てました。先生が霊界に行ったならば、お母様を絶対中心として、絶対的に一つにならなければなりません。今、お母様が行く道は、お父様が今まで立てたみ言と説教集を中心として、行かなければならないのです。（一九九四・一二・二四）

全世界の統一家の祝福子女たちは、天地人真の父母様が生きてこられた伝統を絶対信仰で相続し、氏族メシヤの使命を全うしなければなりません。そうして、氏族と社会、国家、世界でその責任を必ず完遂し、天の父母様が願われ、天地人真の父母様が待ち望まれるように、全世界の人類を天一国《てんいちこく》の民として抱《いだ》かなければなりません。そうしてこそ、この時代を生きている皆さんが、後代に恥ずかしくない先祖の位置に立つようになるのです。

天の父母様と天地人真《まこと》の父母様が六千年間の蕩減《とうげん》復帰摂理歴史を完成、完結、完了され、新しい時代、新しい歴史の天一国を開いてくださいました。天の父母様の願いであり、天地人真の父母様の願いであった天一国が創建されたというのです。

皆さんはどのように、天の父母様と天地人真の父母様に、感謝と頌栄《しょうえい》を捧げるのですか。皆さんを天一国の先祖の位置に立ててくださろうとする大いなるみ旨があることを、皆さんは知っていますか。真の父母様がこの地に来て生命のみ言《ことば》を宣布され、天一国を開いてくださったことを、この国はもちろん、全世界の人々がみな知ることができるように証《あかし》すべき責任が、皆さんにあります。

皆さんは、天の父母様と天地人真の父母様のみ前に、地上天国と天上天国を必ず開いてさしあげようと誓わなければなりません。その道に向かって全力投球、死生決断、中断のない前進をすることだけが、今の時代を生きている私たちの使命であり、責任です。（真のお母様、二〇一三・五・五）

きょう集まった皆さんは、お父様にどのようなことをお話ししたいですか。私（お母様）はこのようにお伝えしたいです。

「お父様、これ以降は心配しないでください。私たちが必ずや責任を完遂いたします。ですからお父様は、永遠なる本郷苑において、これまで孤独であられた神様、天の父母様を慰労され、頌栄の対象として自由の身となってくださるよう、切にお願いいたします！」

これが、私たちが世界の前に見せて責任をもつべき、心情文化の幟《のぼり》であり、旗であり、花であることを肝に銘じ、皆さんも私と同じ覚悟で最善を尽くしてくださるようにお願いいたします。（真のお母様、二〇一五・八・三〇）

真の父母様の御言集

永遠に唯一なる真の父母

——空前絶後の大転換期を正しく越える

2016年8月19日（天一国4年天暦7月17日）　初版第1刷発行
2016年8月25日（天一国4年天暦7月23日）　　　第2刷発行

編　集　世界平和統一家庭連合（旧 世界基督教統一神霊協会）
発　行　株式会社　光　言　社
〒150-0042　東京都渋谷区宇田川町37-18
電話 03-3467-3105（代表）
03-3460-0429（営業部）
https://www.kogensha.jp
印　刷　株式会社　ユニバーサル企画

ISBN978-4-87656-367-8